식민지 조선인을 논하다

식민지 조선인을 논하다

다카하시 도루가 쓰고 조선총독부가 펴낸 책 『朝鮮人』

번역 구인모

동국대학교출판부

:: 차례

이 책을 펼친 독자들에게 ••• 6

제1부 조선인

제1장 _ 조선, 조선인 — 35
1. 지리적 고찰 ••• 37
2. 지질적 고찰 ••• 39
3. 인종적 고찰 ••• 41
4. 언어적 고찰 ••• 42
5. 사회적 고찰 ••• 43
6. 역사적 고찰 ••• 45
7. 정치적 고찰 ••• 46
8. 문학·예술의 고찰 ••• 48
9. 철학적 고찰 ••• 50
10. 종교적 고찰 ••• 52
11. 풍속·습속의 고찰 ••• 54

제2장 _ 조선인의 열 가지 특성 — 57
1. 사상의 고착固着 ••• 57
2. 사상의 종속 ••• 71
3. 형식주의 ••• 80
4. 당파심黨派心 ••• 88
5. 문약文弱 ••• 95
6. 심미관념審美觀念의 결핍 ••• 101
7. 공사公私의 혼동 ••• 109
8. 관용(寬擁)과 위엄(鷹揚) ••• 122
9. 순종(從順) ••• 131
10. 낙천성 ••• 135

제3장 _ 조선인의 특성에 대한 보론 — 143
제4장 _ 조선인의 특성에 대한 종합론 — 151

제2부 「조선인」 전후의 민족성 개조론

제1장 _ 조선 개조의 근본 문제 — 165

1. 진정한 조선 개조의 근본 문제 ··· 165
2. 학문과 종교의 전통적인 정치적 구속에서 해방 ··· 169
3. 조선 교육제도의 개정과 종교대학의 설립 ··· 179
4. 정실 사회에서 실력 경쟁의 사회로 ··· 184

제2장 _ 조선의 문화정치와 사상문제 — 187

1. 문화정치의 의의 ··· 189
2. 문화정치의 요건 ··· 193
3. 문화정치와 교화정책, 그리고 개척사업 ··· 195
4. 문화정치의 반응 ··· 200
5. 문화정치에 반항하는 사상과 운동 ··· 203
6. 문화정치에 반항하는 사상과 운동의 장래 ··· 224
7. 문화정치의 폐해 ··· 230

:이 책을 펼친 독자들에게:

다카하시 도루와 조선총독부가 펴낸 『조선인』

이 책은 원래 다카하시 도루(高橋亨, 1877~1967)라는 일본인이 1917년 『일본사회학원연보日本社會學院年譜』에 같은 제목으로 발표한 논문이었다. 그리고 그는 이 논문을 보완하여 1921년 조선총독부에서 『조선인』이라는 단행본으로 간행했는데, 그 책을 번역한 것이 독자가 지금 손에 들고 있는 바로 이 책이다. 1921년 펴낸 다카하시 도루의 『조선인』은 1927년 조선총독부에서 펴낸 『조선인의 사상과 성격 朝鮮人の思想と性格』이라는 책에도 그대로 실렸다. 이 책의 표지에 '조선총독부 비밀 조사자료'라고 표시되었으니, 조선총독부의 입장에서 다카하시 도루의 『조선인』은 대단히 중요한 책이었던 듯하다. 사실 이 『조선인』은 당시 일본인들의 조선에 대한 초보적인 연구는 물론, 1910년 일본이 조선을 식민지로 삼은 이후 본격적으로 착수한 조선의 '옛 관습·제도 조사사업(舊慣制度調査事業)'의 결과를 고스란히 담고 있다.

이 책은 한국이 일본의 식민지가 되자마자 일본이 내놓은 매우 규모 있는 한국인 민족성, 문화론이다. 조선총독부가 다카하시 도루의 논문을 굳이 책으로 다시 펴낸 것은, 조선을 식민지로 통치하게 된 일본이 도대체 조선은 어떤 나라이고, 조선인은 어떤 사람들인가에 대해 알아야 할 필요를 절실하게 느끼고 있었기 때문이다. 그래서 이 책은 식민지시기 일본인 관료와 지식인들이 대단히 진지하게 받아들였고, 심지어 당시 조선인 지식인들도(어쩌면 그 이후에도) 의식하지 않을 수 없었던 것으로 보인다.

이 책의 저자 다카하시 도루는 1902년 동경제국대학 한학과漢學科를 졸업한 후 1903년 한성관립중학교(오늘날 경기고등학교) 교사로 한국에 부임해서 조선총독부 촉탁, 대구고등보통학교(오늘날 경북고등학교) 교장, 총독부 시학관, 경성제국대학 조선어조선문학전공(오늘날 서울대학교 국어국문학과) 교수, 혜화전문학교(오늘날 동국대학교) 교장, 경학원(성균관) 제학 겸 명륜연성소 소장과 조선유도연합회 부회장을 역임했다. 또 1945년 일본으로 돌아가 텐리(天理)대학 교수로 부임하여 조선학회를 세우기도 했다. 이러한 다카하시 도루의 조선에 대한 학문적인 관심은 어학을 비롯하여 설화·속담·민요 그리고 사상·종교에 이르기까지 매우 폭넓다. 이러한 다카하시의 학문의 관심 영역은 흥미롭게도 조선총독부의 '옛 관습·제도 조사사업'이 식민지 정책 입안의 뿌리가 되고, 또 일본의 조선에 대한 학술 연구로도 확산되었던 사정과 꼭 부합한다. 그래서 그 공로로 1940년에는 조선총독부로부터 조선문화공로훈장을 받기도 했다. 오늘날 다카하시 도루를 연구하는 많은 연구자들이 인정하는 바와 같이, 그의 연구는 식민지시기뿐만 아니라 해방 이후에도 한국사상사 연구에 큰 영향을 지속적으로 미쳤다.

이 『조선인』은 이러한 다카하시 도루의 조선 연구의 출발점이자 그 방향을 알려준다는 점에서 중요한 의미를 지닌다. 하지만 『조선인』은 그동안 다카하시 도루의 조선 연구에 대해 검토해 온 학자들 사이에 어느 정도 알려져 있기는 했지만 본격적으로 연구된 바는 거의 없다. 그것은 무엇보다도 그가 식민통치에 적극 협조하고 참여한 일본의 어용 관학자였고, 그로 인해 조선인의 심성과 조선의 문화를 식민지 통치자의 시각으로 그릇되게 서술했기 때문이다. 그러나 이 책이 당시로서는 비록 초보적인 연구의 결과이고 또 학문적으로 공정하지 못하다고 하더라도, 조선인 심성과 조선 문화의 본질을 학문적으로 정의하고자 한 책이라는 점에서, 또 조선 통치를 위한 제안을 담은 책이라는 점에서 주목해야 할 필요가 있다.

●●● 매우 자연스러운 오해와 편견으로서 민족성론

우리는 스스로 대견하게 여길 일을 해 내거나, 위기에 처해 스스로를 반성하고 비판할 일을 두고 그 원인을 찾고자 할 때, 일쑤 한국인의 보편적인 심성이나 성격이 어떠해서 그렇다는 결론을 내리곤 한다. 이런 논리는 예전부터 하도 자주 들어서인지 제법 설득력 있어 보일 때도 적지 않다. 이런 논리의 근거를 굳이 캐물어 보면, 대체로 한국인의 역사를 돌이켜 보아도 이와 비슷한 일이 있었으니 그래서 오늘날도 이렇다거나, 한국인의 일상적인 삶이나 생각이나 행동 유형을 보건대 이렇다거나 하는 대답을 듣기 일쑤이다. 하지만 돌이켜 보면 한국인이 겪어 왔고 겪어야 할 모든 일이 예로부터 길러진 어떤 성격 때문이고, 그 성격을 쉽게 바꿀 수 없다면 한국인의 과거도, 현재도 또 미래도 이미 결정된 것이 아닐까 하는 의심을 지우기 어렵다. 또한 사람의 마음 혹은 생각이나 행동도 수시로 변하기 마련이어서 스스로도 그 이유를 알 수 없게 되곤 하는데, 하물며 한 사람 정도가 아니라 한 공동체의 심성이나 성격 혹은 행동 유형의 원인을 짐작하기란 불가능한 것은 아닐까 하는 의심도 든다.

다소 소박하게 생각해 보자면, 누군가의 성공이나 잘못이 오로지 그 사람의 평소 성격이나 행동에서 비롯한 결과라고 할 때, 그 판단은 합당할 수도 있지만 또 편견일 수도 있는 것이다. 그러니까 한국인이니까 이렇다는 논리는 사실 남자니까, 여자니까 이렇다거나, 심지어 어느 학교, 어느 지역 출신이니 이렇다거나 하는 편견과 제법 닮은꼴이라고 하겠다. 이러한 논리들을 편견이라고 할 수 있는 이유는 무엇보다도 그 근거가 분명하지 않거나, 아무런 설득력도 지니지 못하기 때문일 것이다. 그럼에도 불구하고 한국인이니까 이렇다는 논리가 편견으로 여겨지지 않는 이유는, 그것이 남이 아닌 바로 자신이 스스로를 정의하는 논리이기 때문이다. 그리고 그 논리도 대체로 따지고 보면 매우 개별적이고 특수한 사례나 심지어 그러한 근거조차 알 수 없는 경우가 허다하다. 그럼에도 불구하고 한국인이니까 이렇다 하는 논리가 은연중에 설득력을 지니고 때로 적지 않은 위력을 떨치기도 하는 일이 허다하니 참으로 신기할 따름이다.

한국인은 이렇다는 정의를 다소 거창하게 말해서 민족성론 혹은 국민성론이나 문화론이라고 일컫는다. 그것은 남의 나라의 경우 이를테면 일본인은 친절하지만 이기적이고 냉정하다든가, 중국인은 낙천적이지만 게으르고 허술하다든가 하는 식의 범속한 차원에서, 그 지역의 정치·경제·사회·역사·문화 전반에 걸친 학문적인 차원에 이르기까지 대단히 복잡하게 걸쳐 있다. 그리고 그 민족성론과 문화론은 일상적이고도 경험적인 차원의 지식에 근거하여 해당 지역 공동체에 대한 지식 전반을 이해하고 설명하는 일반 논리의 양상을 띤다. 한편 자기 공동체의 경우 스스로 판단컨대 다른 공동체에 비해 뛰어나고 우월한 바와 그렇지 못한 바를 암암리에 분리하여, 뛰어나고 우월한 바만으로 정의의 근거를 삼는 논리의 양상을 띤다. 어느 경우이든 공동체 내부 구성원들의 다양성이나 그 역사의 복잡다단함을 외면하거나, 공동체의 개별적이고 특수한 국면을 간단하게 일반화한 결과라는 점에서는 공통점을 지닌다. 그리고 이 모두 단편적인 관점과 분열된 시선에서 이루어지게 마련이라는 분명한 한계를 지닌다. 그래서 이 민족(국민)성론이나 문화론은 본의 아니게 심각한 오해나 편견, 자기 과장으로 전락하고 말 위험을 늘 안고 있을 수밖에 없다.

●●● 그래서 위험하지만 또 절실한 담론으로서 민족성론

대체로 이러한 민족성론은 과거를 돌이켜 보건대 자기 공동체에 대해 진지하게 반성하거나, 혹은 미지의 다른 공동체와 진지하게 대면해야 하는 상황에서 등장하고 설득력을 얻기 마련이었다. 우리 혹은 그들은 누구인가, 어떻게 살아왔고 살고 있는가, 세상을 어떻게 인식하고 느끼며, 그 속에서 무엇을 바라는가, 어떤 가치관을 지니고 있고 그것을 어떻게 추구하는가 하는 질문이란, 으레 그러한 상황들에서 비롯하기 마련인 것이다. 그리고 그 질문에 대한 나름대로 납득할 만한 대답이 바로 민족성론이고 문화론이라고 하겠다. 돌이켜보면 한국인이 쓴 한국인 민족성론도 자기 공동체를 진지하게 반성할 때에 등장해 왔다. 또 남의 나라 사람들이 쓴 한국인 민족성론도 그들이 한국인과 진지하게 대면해야 했을 때 등장해 왔다. 특히 뒤의 경우 19세기 말 이후 한국이 세계 체제 안에서 의미 있는 나라로 주목받기 시작하자 서구와 일본에서는 한국 관련 기록들이 허다하게 쏟아졌는데, 그 가운데에서도 한국인의 민족성과 문화에 대한 부분은 늘 중심을 차지했다. 이를테면 그리피스W. E. Griffis의 『은자의 나라 한국Corea: The Hermit Nation』(1882)이나 헨리 세비지 랜더A. Henry Savage-Landor의 『고요한 아침의 나라 조선Corea or Cho-sen: the land of the morning calm』(1895)의 경우가 대표적인데, 이 책들의 제목은 오랫동안 한국인의 심성과 문화를 함축하는 문구로 사람들의 입에 오르내렸다. 그뿐인가, 1920년대 일본의 공예연구가 야나기 무네요시(柳宗悅)가 몇 편의 글을 통해 조선을 서글픈 아름다움의 나라라고 한 이래, 한국인의 보편적 심성과 미학이 '한恨'에 있다고 믿어 의심치 않게 되었다.

 그런데 이러한 한국인의 심성과 문화에 대한 정의는 어느새 한국인이 스스로를 정의하는 담론에도 슬쩍 옮겨 와서는, 누가 왜 이렇게 정의했는가 하는 의문은 끼어들 새조차 없이, 마치 한국인은 오래전부터 그랬다는 양 자연스럽게 한국인의 의식 속에 자리 잡아 버렸다. 그러니까 서구의 열강들과 그에 버금갔던 일본이 어느 날 한국이라는 나라와 마주하게 되어, 도대체 이들은 누구이고 어떻게 살고 있는가 깊이 생각할 겨를도 없이 기록한 한국의 인상을 오랫동안 한국인들은 마치 그것이 제 본래 모습인 양 믿어 의심치 않고 살아온 셈이다. 그나마 야나기 무네요시의 경우 한국에 대해 매우 드물게 호의적인 사람이었고, 그래서 훗날 한국 정부로부터 훈장까지 받았다. 하지만 한국이 일본의 식민지가 된 1910년 이후 일본인들이 허다하게 남긴 한국인의 민족성, 문화담론들에 대해서는 자세히 알려진 바도 매우 드물거니와, 그나마 알려진 바도 두루뭉술하기 그지없다. 혹시 그 가운데에서도 무언가가 오늘날까지도 버젓이 한국인의 의식 속에 자리 잡고 있는 것은 아닐까.

●●● '정체된 조선'과 '주체성 없는 조선인'

이 『조선인』에서 주목해야 할 부분은 우선 조선의 지질이나 지리적 조건이 조선 사회·역사·정치는 물론 문학·예술과 사상·종교까지도 결정했다고 믿어 의심치 않는 다카하시 도루의 사고방식이다. 이를테면 조선은 중국과 지리적으로 가까웠던 탓으로, 이 모든 측면에서 중국에 예속되어 있었다는 것이다. 이러한 다카하시의 주장은 조선 선조 시대 이후 당쟁, 정치부패, 가렴주구만을 지나치게 강조하는 경향을 띤다. 그는 줄기차게 조선 중·후기의 특수한 국면을 무리하게 보편화하여 한국사와 한국문화를 설명하고자 했다. 실제로 이 『조선인』 가운데 '조선'은 조선 왕조를 가리키면서도 한국사 전체나 한반도 전체를 가리키는 두 겹의 층을 지닌 어휘이다.

이러한 사정은 첫째 역사시대 이전에 이미 결정된 한반도의 물리적 여건이 매우 긴 역사의 변천 과정에서도 나름대로 역사와 문화는 물론 한국인의 정체성을 결정했다는 전제에서 비롯했다. 다카하시 도루는 한국을 이해하는 일은 조선시대의 사회·역사·문화만을 보더라도 충분하다는 매우 경솔한 사고방식을 지니고 있었던 것이다. 특히 다카하시 도루는 『조선인』 이곳저곳에서 중국의 고대 신화서인 『산해경』의 동이족 기록을 거론하면서, 한국인의 심성·풍속의 배경과 기원을 설명하고자 했다. 이것이 바로 다카하시의 조선정체론의 핵심적 단서라고 하겠다.

결론적으로 다카하시는 조선인의 대표적인 심성인 '사상의 고착성'이나 '사상의 종속성'이 앞으로도 영원히 변하지 않을 것이라고 장담했다. 그는 조선인의 '형식주의', '심미관념의 결핍', '문약함', '당파심' 그리고 '공사를 구분하지 못함'과 같은 심성과 태도는, 앞으로 조선인이 근대적인 학문을 배우고 또 일본인의 통치를 통해서 개조해 갈 수 있다고 보았다. 그리고 조선인의 '관용과 위엄', '순종'의 태도와 '낙천성'은 길이 보존해야 한다고 했다. 그리하여 일본인은 동정심을 지니고 조선인을 지도하여 일본인에게 동화시키고, 또 향상시켜야 한다고 했다. 바로 이러한 주장에서 다카하시 도루는 자신의 조선인 민족성 연구를 일본의 식민지 통치정책의 밑거름으로 삼기 바랐던 욕망을 드러낸다.

하지만 그는 개인으로서든 공동체로서든 조선인이 오랜 세월 동안 저마다 처했던 개별적인 환경이나 조건 속에서 자기 나름대로 심성과 태도를 역동적으로 형성했을 가능성은 생각조차 하지 않았다. 다카하시 도루는 조선인을 마치 사물과 같은 존재로 생각했던 셈이다. 그러니까 조선인의 심성과 태도는 얼마든지 개조할 수 있는 것으로 생각했을 것이다. 이 또한 식민지 조선에 대한 일본의 폭력이라는 것은 새삼 말하지 않아도 분명한 사실이다. 그리고 이러한 폭력은 식민지 시기 몸소 체험한 물리적 폭력만큼이나, 어쩌면 그 이상으로 깊은 흔적을 남기는 것으로 보인다.

●●● '미개한 조선인, 문명한 일본인'이라는 자기기만

한편 이 『조선인』은 한결같이 조선을 전근대적이고 비문명의 나라로 철저하게 비하하면서, 그에 비해 일본은 조선과 달리 근대적이고 문명의 가치를 이룬 나라로 절대화하는 태도로 일관하고 있다. 그것은 이미 다카하시 도루가 이 책의 주안점을 일본과 분명히 다른 조선인 민족성의 특징을 밝히는 데에 두었다고 한 데에서 분명히 알 수 있다. 사실 다카하시 도루는 이를테면 세계사의 일반적인 사례들과 달리 조선은 봉건제도를 거치지 않고 중앙집권제도만을 고수했다고 한 데에서 알 수 있듯이, 조선은 보편적인 세계사의 발전 과정을 거치지 못한 낙후한 민족이라는 선입관으로 조선인 민족성을 설명하려고 했다.

다카하시 도루의 선입관의 바탕에는 조선과 달리 일본은 보편적인 세계사의 발전 과정을 거쳤다는 자긍심이 가로놓여 있기도 하다. 이를테면 그는 조선 시대 풍속이 유교의 영향에서 형성되었다는 점, 조선이 대가족제도로 인해 공사를 혼동했다는 점을 지적하면서, 그런 일은 일본에서는 12세기 이전에나 있었던 일이라고 했다. 그러니까 조선은 일본이 이미 몇 세기 전에나 겪었을 법한 일들이 오늘날에도 버젓이 횡행하는 나라라고 강변하고 있는 셈이다. 물론 다카하시 도루는 일본의 12세기 이후 에도(江戶) 막부 시대(1603~1867)나 19세기 후반에도 관리들이 공사를 혼동하는 사례가 없었던 것은 아니라면서도, 그것이 일본인 민족성 때문이 아니라 동양의 오랜 악습에서 비롯한 예외적인 사례일 뿐이며, 오늘날 일본에서는 그런 일은 있을 수 없다고 애써 강변했다.

다카하시 도루의 모순된 태도는 일종의 자기기만이라고 할 수 있다. 그것은 일본인으로서 그가 일본의 역사 가운데 부정하고 싶은 과거를 애써 부정하거나 의도적으로 망각하고서야 드러날 터이기 때문이다. 바꾸어 말하자면 다카하시 도루에게 조선은 부정하고 망각하고 싶은 일본의 과거인 셈이고, 동양의 일본이 세계사의 보편적 발전 과정을 거쳤다고 자부하기 위해서라도 조선이라는 전근대적이고 미개한 나라는 반드시 필요한 것이다. 그러니까 그에게 조선은 이 모순과 자기기만을 정당화하기 위해 존재하는 타자일 수밖에 없다. 하지만 다카하시 도루가 깨닫지 못했던 그 모순과 자기기만은 엉뚱하게도 3·1운동을 계기로 드러나게 된 것으로 보인다. 그가 보기에 조선인은 스스로의 운명을 열어 나아갈 능력을 지닐 수도 없고, 또 지녀서도 안 되기 때문이다. 그럼에도 불구하고 다카하시는 끝내 이 3·1운동마저도 애써 신학문을 배운 청년들의 미국에 대한 사대주의 탓으로 돌려 버린다.

●●● 조선인 민족성론을 가능하게 한 지식들

다카하시 도루의 조선인 민족성 연구는 그 이전 한국은 물론 민족성 연구와 관련한 많은 자료들을 참고했으므로 가능했다. 그 가운데 첫째 부류는 19세기 이후 일본인들이 조선에 대해 남긴 적지 않은 규모의 서적들이었다. 조선 침략을 전후하여 일본은 정치·역사·사회·문화 등 여러 방면에서 조선에 대한 지식을 생산해 냈는데, 특히 1905년 일본이 조선에 통감부를 설치한 이후 결성된 조선 거주 일본인 연구단체들은 앞다투어 조선 관련 서적들을 펴냈다. 다카하시 도루가 조선에 온 것도 바로 그 무렵이었고, 그 또한 이러한 연구단체에서 회원으로 활동했다.

둘째 부류는 조선의 고문헌들이었다. 다카하시 도루는

조선총독부에서 실시했던 조선의 '옛 관습·제도 조사사업'에 참여하여 『조선도서해제朝鮮圖書解題』(1911)라는 고문헌 목록·해제집을 만들었다. 이때 그는 정만조와 같은 조선 지식인의 도움으로 많은 문헌들을 접하게 되었고, 그래서 『조선인』을 쓸 때에도 조선 시대 문헌들을 주로 인용하게 되었던 것으로 보인다. 또 다카하시 도루가 조선 시대 역사의 특징적인 사정으로 한국사 전체를 설명하려고 했던 이유도 바로 그 때문인 것으로 보인다.

셋째 부류는 19세기 이후 진화론과 우생학을 배경으로 한 유럽의 민족(국민)성 연구와 그 영향으로 이루어진 19세기 일본 민족(국민)성 연구들이었다. 다카하시 도루는 그 가운데에서 일본인의 훌륭한 민족(국민)성 항목 몇 가지를 골라서, 조선인의 부정적인 민족성을 설명하는 데에 활용했다. 같은 심성인데 일본인의 것이라면 훌륭하고 조선인의 것이라면 그렇지 못하다고 설명한 셈이다. 이 또한 앞서 말한 다카하시 도루의 조선에 대한 선입관, 일본인으로서 자기모순과 기만으로부터 비롯한다고 하겠다. 또 그는 한국에서도 두 차례나 번역된 아더 핸더슨 스미스Arthur H. Smith의 『중국인 특성Chinese Characteristics』(1894)도 참고했던 것으로 보이는데, 이 책은 일찍이 일본에서도 번역되어 널리 읽혔다. 실제로 다카하시 도루는 몇몇 중국인 민족성 항목들을 조선인 민족성을 설명할 때 그대로 옮겨 왔다. 또 그가 조선인을 불교로 교화시켜야 한다고 한 것도 스미스가 중국인을 기독교로 교화해야 한다고 했던 것과 꼭 닮아 있다.

그러니까 이 『조선인』은 19세기 이후 유럽에서 비롯하여 일본에서도 활발하게 이루어진 민족성 연구의 다양한 성과들이 얽히고설켜 이루어졌던 것이다. 무릇 지식이란 그것이 생겨난 시대의 욕망과 가치관, 다른 지식들과의 관계를 통해서 이루어지는 법이다. 19세기 이후 민족성 연구는 근대 서양의 국민국가주의가 제국주의로 팽창하는 가운데 식민지 지배 과정에 따르는 폭력의 정당화는 물론, 식민지에 대한 근대적인 지식을 생산해 냈다. 다카하시 도루의 『조선인』 또한 민족성 연구의 본질을 고스란히 담고 있다는 것은 두말할 나위도 없다.

●●● 조선인 민족성 연구에서 조선 연구로

다카하시 도루는 평생 무려 93편의 논문과 여섯 편의 책을 발표했는데, 그 가운데 단행본 『조선인』을 발표하기까지 같은 제목의 논문 「조선인」을 제외한 한국 관련 논문은 스무 편이다. 이 스무 편의 논문들은 크게 어학 연구, 설화 연구, 불교와 종교 연구, 유학 연구, 교육 연구로 나눌 수 있다. 이 가운데 그는 어학과 교육 연구를 제외한 나머지 분야에서 지속적으로 연구 성과를 발표했다. 조선인 민족성연구는 다소 예외적인 분야인 듯하나, 그렇다고 해서 그에게 마치 한눈팔기와 같은 것이었다고는 볼 수 없다. 그것은 다카하시 도루에게 이『조선인』이 그 이전 연구 성과를 집약한 것이면서, 이후 연구 성과의 이론적인 근거가 되기 때문이다. 실상 그는 조선인 민족성 연구의 성과를 근거로 삼아 자신의 학설을 증명하고, 그리하여 자신의 조선인 민족성 연구가 타당한 것임을 다시 역설하는 순환의 논리를 구사하기 일쑤였기 때문이다.

다카하시 도루는 이『조선인』보다 앞서『조선설화집朝鮮の物語集』(1910)과『조선속담집朝鮮の俚言集』(1914)을 발표했다. 이 두 권의 책은 조선의 설화와 속담을 사실상 최초로 체계적으로 수집하고 정리한 자료집이라는 점에서 가치가 있다. 이 두 책을 통해 그는 조선의 설화에 나타난 인물들의 성격과 속담에 담긴 뜻을 자기 나름대로 해석하는 가운데 조선인의 민족성을 밝혀내고자 했다. 다카하시 도루는 특히『조선속담집』에서 조선인 민족성을 여섯 가지 항목들로 정의했는데, 이것은 훗날『조선인』을 발표하는 가운데 그대로 옮겨 실린다. 그리고 그 연장선에서 그는 경성제국대학 조선어문학전공 교수로 취임한 후「조선문학연구朝鮮文學研究」(1927)를 시작으로 하여 본격적으로 조선의 설화와 민요에 대해 연구했다. 뿐만 아니라 「조선유학대관朝鮮儒學大觀」(1912), 「조선불교에 대한 신연구朝鮮佛教に對する新研究」(1912)를 비롯한 유학과 불교 관련 연구도 『조선인』을 거쳐 「이조유학사의 주리파 주기파의 발달李朝儒學史にける主理派主氣派の發達」(1929)이나 『이조불교李朝佛教』(1929)로 완성되었다. 또 뒤의 책은 이미 불교를 조선인 신앙 정화의 원천으로 삼아 조선인의 심성을 개조해야 한다고 한 『조선인』의 결론에서 예고되었던 연구이기도 하다.

이러한 다카하시 도루의 조선 연구는 사실 경성제국대학을 중심으로 한 인문학의 원대한 비전을 위한 밑그림이라고 할 수 있는데, 그것은 「조선문학연구」(1927)를 통해서 엿볼 수 있다. 그는 이 글 마지막에서 조선 연구가 다양한 문헌을 발굴하고 해석하는 일을 비롯하여, 이웃 지역의 학문과 비교하는 일을 거쳐서, 향토와 민속 연구, 문학·사상과 종교 연구의 분야로 발전해 나아가야 한다고 했다. 이것은 곧 그가 재직했던 경성제국대학 조선어문학전공의 연구와 교육 분야와도 꼭 부합했다. 그러한 연구와 교육의 출발점이 바로 조선인 민족성 연구의 성과라는 것은 두말할 나위도 없다. 그리고 광복 이후 한국학을 이끌었던 경성제국대학 조선어문학전공 출신 학자들은 바로 이러한 학문적 기원과 배경이 길러낸 이들이었던 것이다.

●●● 한국학에 깊이 남은 다카하시 도루의 영향과 흔적들

다카하시 도루의 조선인 민족성론이나 조선 연구의 영향과 흔적은 광복 이후 이른바 '건국의 학문'으로 자임했던 한국학에 제법 깊게 남아 있었다. 그의 제자였던 국문학자 조윤제는 한국인의 민족성을 한국인의 지리적 특성과 역사의 특수성에서 비롯한 '은근과 끈기' 등으로 정의하고, 그 예술적 표현이 곧 한국문학이라고 했다. 물론 그는 다카하시 도루와 달리 한국인의 민족성이나 한국문학과 유학의 관계를 적극적으로 인정하지 않았다는 점에서는 분명한 차이가 있기도 하다. 하지만 한국인 민족성 정의를 통해 한국문학의 본질을 규명하고자 하는 태도는 광복 이후 한동안 한국문학 연구자들 사이에 일반적인 연구 방법이었거니와, 이것은 곧 다카하시 도루의 조선문학 연구 방법론이기도 했다는 것은 분명하다.

한국철학 연구의 경우 사정은 더욱 복잡했다. 다카하시 도루의 조선유학사 연구의 핵심은 조선유학사를 주리론, 주기론 그리고 절충론의 대립 구도로 설정하고 그로 인해 생겨난 당쟁의 역사로 이해한 데에 있다. 또한 그 대립과 갈등이야말로 조선왕조 몰락의 원인으로 보는 관점이다.

그리고 이러한 구도와 관점은 현상윤의 『조선유학사』(1953) 이후 최근까지도 한국철학에서 당연시되었다. 사실 한국문학 연구와 달리 한국철학 연구에서는 1970년대부터 최근까지 다카하시 도루의 조선유학사 연구를 조목조목 비판하면서 그가 끼친 영향에서 벗어나기 위해 매우 애썼다. 하지만 그러한 사실 자체가 도리어 다카하시 도루가 남긴 영향이 매우 크다는 것을 반증한다고도 하겠다.

한국문학 연구의 경우 이후 서양의 문학이론을 폭넓게 받아들이는 가운데, 초창기 한국문학 연구의 방법론은 누구도 돌아보지 않게 되었지만, 그렇다고 해서 그러한 방법론의 기원이나 한계점을 문제 삼은 경우는 없다. 그런가 하면 한국철학 연구의 경우 다카하시 도루를 넘어서는 조선유학사 연구의 다른 방법론은 여전히 모색 중이라고 한다. 그러니까 다카하시 도루는 오늘날까지도 한국학에 깊은 영향과 흔적을 남기고 있는 셈이다. 광복 이후 한국인이 자기의 문학과 사상의 역사를 이해하는 데에 남의 방법, 더군다나 식민지에 대한 제국의 권력과 폭력을 합리화하는 방법을 버리지 못하고 따랐다는 사실은 참으로 심각한 문제이다.

●●● 한국인의 민족성 담론에 스며든 다카하시 도루의 흔적들

그런데 다카하시 도루의 영향과 흔적은 단지 한국학 내부에만 남아 있다고 보기 어렵다. 광복 이후의 한국학이 '건국의 학문' 역할을 도맡은 가운데, 그 연구 성과들은 대학 이하의 교육과정이나 일반 사회 교양의 차원으로도 확산되었기 때문이다. 또 그러한 영향과 흔적은 다카하시 도루가 한창 교육자, 학자로서 활발하게 활동한 식민지 시기에도 이미 드러나고 있었다. 3·1운동 이후 한국의 많은 지식인들은 조선 시대 유학과 그 폐습으로 인해 조선이 식민지, 문명의 낙오자가 되었으니, 그러한 처지에서 벗어나기 위해서라도 조선인 스스로 민족성을 개조해야 한다고 주장했다. 예컨대 이광수는 「민족개조론民族改造論」(1922)에서 조선인이 조선 시대에 형성한 허위, 나태, 이기심 등의 부정적인 민족성을 버리고, 고대로부터 유구한 관대함, 금욕, 예의와 같은 민족성을 지니도록 민족성을 개조하자고 했다. 그런데 이광수를 비롯한 1920년대 한국 지식인들의 민족성 개조론은 앞서 살펴본 다카하시 도루의 주장과 아이러니하게도 일치한다. 그래서 「민족개조론」은 발표 당시부터 큰 논란을 불러일으키기도 했다.

한국인의 민족성을 몇 가지의 코드를 통해서 읽어 내고

자 하거나, 조선 시대 유학과 그 폐습이 한국인의 민족성을 결정했다거나, 한국을 문명의 낙오자로 전락하게 했다는 사고방식은 광복 이후 오늘날까지도 제법 설득력을 얻는 것으로 보인다. 예컨대 이어령의 『흙 속에 저 바람 속에』 (1972)만 하더라도 그러한데, 이 책에서 그는 한국인의 상징인 흰옷을 통해 색채감의 결여를 지적하거나, 말과 글의 주어로 '나'와 '우리'를 혼동하는 현상을 통해 자아관념의 부재, 한복의 평면성과 비기능성을 통해 허례허식을, 또 윷놀이를 통해 조선시대 당쟁을 읽어 내고 비판했다. 이것은 한국과 한국인의 역사를 악운, 가난, 횡포와 재난의 역사 속에서 가축같이 쫓긴 역사로, 그 삶의 본질을 고통, 나태한 슬픔, 졸린 정체로 읽는 이어령의 시각과 태도에서 비롯한다. 훗날 이어령은 그러한 시각과 태도를 두고 서구의 이방인처럼 객관적이고 합리적인 눈이라고 했지만, 그것이야말로 민족(국민)성 담론을 고안해 낸 서구 제국의 눈이고, 또 한 세기 남짓한 예전 다카하시 도루가 조선을 바라보던 눈이기도 하다. 바로 그 눈을 통해서 다카하시 도루의 식민주의가 경성제국대학과 서울대학교를 거쳐 한 지식인의 내면으로 스며들어 자연스럽게 자리 잡는 사정을 볼 수 있다.

    이어령의 이 책은 한국전쟁과 산업화 시기의 격랑을 헤쳐 나가는 비전을 한국인의 역사와 문화 속에서 절실하게 발견해야 했던 1960년대 이후 시대의 요구에 부합했고, 그

절실함으로 인해 발견의 방법 자체를 문제 삼을 겨를은 없었을 것이다. 그런데 그러한 사정은 한국사회 내부의 모순을 고스란히 안은 채 자본의 전 지구적 이동과 세계체제 내의 무한 경쟁의 한가운데 내던져진 1990년대 이후에도 크게 달라지지 않았다. 특히 사회과학을 중심으로 이른바 '한국문화론'이라는 명목으로 이루어진 허다한 민족성론들은 한국인의 심성과 태도를 몇 가지 코드로 나누어 그것을 역사적인 본질로 설명한다. 그리고 부정적인 심성과 태도의 원인을 오늘날까지도 버리지 못한 조선 시대 유학과 그로부터 비롯한 풍속과 관습에서 찾기 일쑤이다. 이를테면 강준만의 『한국인코드』(2006)가 그러한 사례이겠는데, 그는 이 책에서 냉소주의(너나 잘하세요), 추종주의(아버지), 관존민비와 출세·입장주의(서열), 가족·정실주의와 부정부패(정) 등 열 가지 한국인 민족성을 정의했다.

강준만은 민족(국민)성론의 태생적 한계로 인해 위험하다고 해도 균형 있는 시각만 갖추면, 초고속 경제성장을 이룬 한국인의 자기 이해를 깊게 할 뿐만 아니라 한국적 사회과학을 이룰 수 있다고도 했다. 하지만 그를 비롯한 한국인의 심성과 태도를 몇 가지 코드로 나누어 분석하고 설명할 수 있다거나, 조선시대 사상과 문화가 그 기원이라는 발상이야말로 다카하시 도루가 남긴 그림자이자, 민족(국민)성론에 도사리고 있는 식민주의의 효과이다. 심지어 그러한 한국문화론을 통해 한국의 사회과학까지 지향한다는 점에서 더욱 그러하다. 이러한 발상을 거창하게 '문화본질주의'라고 할 수 있다. 이것은 인류가 오랫동안 자기 공동체의 정체성을 정의하는 가장 보편적이고도 일반적인 사고방식이었고 또 여전히 매력적이기도 하다. 그래서 오늘날까지 한국인들도 별다른 의심과 반성 없이 민족(국민)성론과 문화본질론을 통해 자기를 정의해 왔다. 하지만 이러한 사고방식이 특히 20세기 독일과 일본에서는 파시즘이나 식민주의를 정당화하고 세계대전을 합리화한 가장 큰 동력이었다는 것은 널리 알려진 사실이다.

●●● 한국인 내면에 뿌리 내린 식민주의와 문화본질론을 걷어내기 위하여

지금까지 말한 바와 같이 한국의 경우에서도 민족(국민)성론은 자기 공동체에 대해 진지하게 반성하거나, 혹은 미지의 다른 공동체와 진지하게 대면해야 하는 상황에서 등장하고 설득력을 얻기 마련이었다. 그래서 그러한 담론은 지금도 또 앞으로도 그 이름이 바뀌고 방법이 다소 달라질지언정 여전히 한국인 사이에서 자연스럽게 타당성을 얻고 위력을 지니게 될 것이다. 그런가 하면 같은 담론이더라도 20세기 독일과 일본의 사례에 대해서는 그 심각한 편견, 자기기만 심지어 폭력을 두고 윤리적 비난을 주저하지 않을 것이다. 독자 여러분들 가운데에는 아마 이 책을 "한국인과 한국이라는 나라는 실상 그렇지 않다."고 반박도 하고 비난도 하면서 읽거나, 그렇지 않으면 마지막까지 읽기도 전에 불쾌감으로 책장을 덮고 말지도 모르겠다. 또는 어떻게 하면 다카하시 도루는 물론 일본 식민주의의 영향에서 벗어나 그 흔적을 지울 수 있을까 하고 분개할지도 모르겠다. 그것은 해마다 8월을 맞이하는 독자 여러분들만이 아니라 일찍이 『조선인』을 접했던 학자들도 마찬가지였을 것이다.

그러나 반박이든 비난이든 분개든, 이러한 반발감이나 불쾌감을 넘어서 먼저 돌이켜 보아야 하는 것은 바로 한국인 내면에 뿌리 내린 식민주의와 문화본질론이다. 그리고 손쉽게 스스로를 부정하지도, 필요 이상으로 긍정하지도 않는 균형 있는 시각으로 역사를 바라보는 태도가 필요하다. 오늘날까지 학자나 지식인들을 비롯한 많은 한국인들은 사실 반박, 비난 그리고 분개하는 차원에만 머물러 온 감이 있다. 하지만 그 차원을 넘어서 진정으로 오늘날 한국인에게 절실한 과제는, 자기 내면의 식민주의와 문화본질론을 청산하고 그로부터 해방되는 일이다. 그것이야말로 한일병합 백주년을 맞이하는 오늘날 한국인의 소명이기도 하다. 하지만 그 소명에 답하는 일은 참으로 쉬운 듯하면서도 사실 대단히 어려워 보인다. 그것은 궁극적으로 한국인은 누구인가, 어떻게 살아왔고 살고 있는가, 세상을 어떻게 인식하고 느끼며 그 속에서 무엇을 바라는가, 어떤 가치관을 지니고 있고 그것을 어떻게 추구하는가 하는 질문 앞에서, 한국인들이 편견과 자기기만에 빠지지 않고, 남의 공동체에 대해 폭력도 휘두르지 않는 대답을 찾는 일이기 때문이다. 게다가 그러한 일은 너나 할 것 없이 한국이 다문화 사회로 나아가야 한다고들 하는 오늘날에는 더욱 절실하다. 그러한 일이 과연 가능한지, 그렇다면 어떻게 해야 하는지는 앞으로 한국인들이 심사숙고해야 할 것이다. 설령 그것이 실현할 수 없는 이상이라고 하더라도 그 뜻이나 절실함마저 부정할 수는 없다.

대단히 안타깝게도 제법 오랫동안 다카하시 도루와 조선인 민족성 연구를 비롯한 조선 연구의 실상은 한국인 스스로 지워 버렸고, 그로 인해 망각되어 왔다. 또 오늘날 『조선인』과 같은 책은 간행된 지 너무나 오래되어 구해 보기도 쉽지 않다. 그러한 사이 다카하시 도루의 이름은 일부 한국학 전공자들을 제외하고는 아무도 모르는 채 역사의 뒤안길로 흐릿하게 사라져 가고 있다. 광복은 이미 70년이나 지나 버렸고 한일병합은 무려 백 년 전의 일이니, 이제 다카하시 도루라는 이름은 잊어버려도 괜찮을 수 있다. 그럼에도 불구하고 오늘날 굳이 다카하시 도루의 『조선인』을 다시 읽어야 하는 이유는 무엇일까. 거듭 말하거니와 그것은 남의 눈이 아닌 바로 자기의 눈으로, 또 손쉬운 자기부정이나 자기긍정에 빠지지 않고, 한국인이 스스로를 바라보고 자기정체성을 발견해야 하는 일이나, 또 그 과제를 통해 자기 공동체와 다른 공동체를 이해하고 그 관계를 설정하는 일은 앞으로도 변함없이 절실한 과제로 남아 있기 때문이다.

제1부

조선인

제1장   조선, 조선인

제2장   조선인의 열 가지 특성

제3장   조선인의 특성에 대한 보론

제4장   조선인의 특성에 대한 종합론

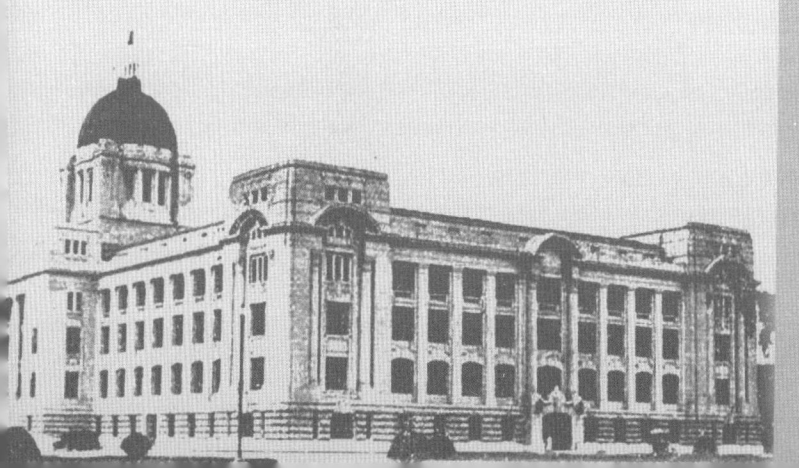

제1장 _ 조선, 조선인

조선인도 독립민족으로서 1천 년 이상의 역사를 지니고 만 오천 리의 지역을 점유한 이상, 다른 민족과는 다르게 스스로 길러 온 민족적 특성이 있을 터이다. 그러나 모든 민족의 특성을 좁은 관찰만으로 함부로 단정할 수는 없다. 마땅히 그 민족이 구성한 사회를 하나의 생활체로 간주하여 그 모든 기능을 연구하고, 그 결과를 종합한 후에 어떤 결론에 도달해야 한다. 그러므로 현재 조선에 대한 연구는 여러 뜻있는 학자마다 부분적으로 착수하여 그 결과를 얼마간 발표하고 있으나, 이를 일본과 중국의 연구와 비교하자면 양에서도 질에서도 함께 비교할 수 없을 정도이다.

나는 종래 조선의 사상과 신앙, 즉 문학·철학·종교의

연구에 종사하여 한 부분으로나마 어느 정도 결과를 얻었고, 또 그 결과를 단정할 만한 자신도 있다. 하지만 나는 인류학, 고고학, 지질학, 미술사의 방면에서는 사실 거의 문외한이다. 그래서 나의 연구 결과에 따라서 조선인의 특성은 이렇다는 식으로 결론을 내린다고 해도, 인류학 등의 학문을 연구한 학자가 도리어 그렇지 않다고 부정할 수도 있을 것이다. 그럼에도 불구하고 나는 문학, 철학, 종교는 적어도 민족성의 근본에서 비롯한 것이고, 이에 따라 점차 그 특성을 길러 오늘날 조선인 정신현상의 원동력이 되었다고 조심스럽게나마 생각해 본다. 이렇게 관찰한 조선인의 특성은 다른 학문으로부터 비롯한 결론과 대등한 정도 이상의 실재적 가치를 지닌다.

보다 엄밀히 말하자면 조선인의 특성을 규명하는 데에는 다음의 여러 방면에 걸친 연구를 하지 않으면 안 된다. (1) 지리적 방면 (2) 지질적 방면 (3) 인종적 방면 (4) 언어적 방면 (5) 사회적 방면 (6) 역사적 방면 (7) 정치적 방면 (8) 문학·예술적 방면 (9) 철학적 방면 (10) 종교적 방면 (11) 풍속·습관·속담·설화의 방면 등 이상 열한 가지 방면이 바로 그것이다. 그 가운데 (1), (2), (3), (4)는 정적靜的 방면이라 하겠고, 민족을 구성하는 사회의 생활 활동의 기초이다. 그 밖에 나머지는 동적動的 방면이라 하겠다. 이 모두가 민족의 생활 활동이 남긴 성적成績이다.

이들 정적 방면에서 관찰하여 조선민족이 도대체 다른 민족과 비교해서 어떤 특성이 있는지, 특히 우리 일본인과 비교해서 분명히 다른 특성이 있는지를 밝히는 것을 이 논문의 주안점으로 삼는다. 나는 우선 나의 좁은 식견에 근간해서 가장 간단하게 앞서 언급한 열한 가지 방면의 특이한 표상을 통해 연구를 하여, 그 결과를 종합해서 민족적 특성을 각론에서 논하고자 한다.

1. 지리적 고찰

조선인의 거주지는 성쇠盛衰에 따라 다소 변천을 나타내나, 대체로 오늘날 조선 반도를 거주 구역으로 삼고 있다. 즉 동쪽 끝은 울릉도로 동경 130도 54분, 서쪽 끝은 압록강 어귀의 신도薪島 서단으로 동경 124도 13분, 남쪽 끝은 제주도 남단으로 북위 33도 12분, 북쪽 끝은 함경도 북단으로 북위 42도 2분이다. 옛날부터 북쪽은 북방의 호인胡人 혹은 중국인과 경계를 접하고 있었고, 남쪽은 해협을 두고 일본과 서로 바라보았고, 서쪽은 파도 잔잔한 황해를 끼고 중국 본토와 대면하여 모두 온대권에 속하나, 중부 이남은 심한 기후의 변화를 보인다. 서북부, 서남부, 동남부 일대는 토지가 평평하고 물이 풍부하고 토질도 비옥했으므로, 일찍부터 농업을 익혀 생업의 기본으로 삼았다. 서남 양면의 바다는 외국과의 교통이 곤란했으므로 통상과 무역이 크게 발달하지 못했다.

조선을 지리적으로 고찰하는 데에서 주목할 만한 것은 북쪽 호인과의 경계에는 장백산맥과 압록강, 두만강 2대 강이 있고, 서부 중국 본토와는 황해를 사이에 두고 있으며, 남부 일본과는 현해탄玄海灘을 끼고 있다는 점이다. 북방의 대산맥은 조선을 위해 호인의 침입을 막을 만하나, 2대 강 어귀는 토지가 평탄하여 사람과 말이 함께 다니기 충분해서 호인이 강성하여 북방 고지로부터 공격해 오면 도저히 막을 수 없다. 그러니 만약 중국의 국운이 성해서 만주를 영토로 편입할 경우에는 어떻겠는가. 서쪽 황해는 다소 항로가 길어 해군이 발달하지 않았으니, 중국은 이 항로를 가로질러 군대를 조선에 움직이는 것이 상책이었다. 이와 반대로 현해탄은 이키(壹岐)와 쓰시마(對馬)를 징검다리로 삼아 본토 규슈(九州)로 이어진다. 그러니 조선이 강성해서 남하하면 세력을 우리에게 떨칠 만하고, 우리가 강성하면 북상하여 반도를 침략할 만하다.

그렇다면 조선 민족이 하나의 독립 국민으로서 평온할

경우는, 북쪽 호인의 세력이 성하지 않아 압록강과 두만강의 경비가 잘 이루어지고, 중국의 힘이 만주에 미쳐 요동을 오랑캐로 위축시키고, 일본은 국내의 여러 가지 문제로 현해탄에 병선兵船을 띄우지 않는, 세 가지 요소가 구비될 때이다. 그러나 이 세 요소가 원만하게 갖추어질 경우란 기대하기 어려웠다.

이러한 사정으로 어떤 때에는 남쪽 일본의 견제를 받고, 어떤 때에는 북쪽 만주에 항복하고, 어떤 때에는 서쪽 중국의 정삭正朔을 받들었고, 또 어떤 때에는 함경도에 진鎭을 두어 호인을 토벌하기도 했다. 그리고 조선은 중국의 속국으로서 역사의 가장 긴 시대를 지냈다. 이것은 지리적 여건으로 인한 필연적인 결과였다. 만약 일본 쪽으로 육지가 이어져 있었다면 형세의 큰 변화를 겪었을 것임은 두말할 나위도 없다.

2. 지질적 고찰

지질의 측면에서 보자면 조선 반도는 거의 전부 고생대층에 속하는데, 제3기층 제4기층에 속하는 지역은 매

우 적다. 이학박사 이노우에 키노스케(井上禧之助) 씨의 『지학잡지地學雜誌』에 실린 논문 「한국의 지질과 광산(韓國の地質と鑛山)」은 이에 대해 상세하게 논하고 있다. 이 논문에 따르면 조선 반도의 기반을 이루는 것은 고대의 편마암과 지표면에 크게 분출한 화강암이다. 그 분포는 넓게는 전 조선 반도의 절반 이상을 차지하고 있고, 중생대층은 겨우 경상도 대구 지역에서 나타날 뿐이다.

그러므로 조선 반도의 외형은 제3기에 들어서 이미 형성되었고, 제3기층의 발달은 겨우 동해안의 작은 구역에 한정되었다. 제4기층은 강가 혹은 바닷가의 단구段丘나 평지를 이루었다. 화산암으로는 현무암의 흐름이 대구 북부 지역을 차지하고 있는데, 안산암과 현무암의 작은 구역에 암류巖流 혹은 암맥巖脈을 이루어 분출했음을 볼 수 있을 뿐이다.

그래서 조선의 지질은 고대에 생성되었고, 인류 발생 시대에 이르러서는 지각의 변화가 이미 끝난 상태여서 지극히 안정된 토지를 이루었음을 알 수 있다. 이를 우리 일본 본토가 대부분 제3기층 제4기층에 의해 구성되어, 오늘날 활발한 지반의 변동을 볼 수 있는 것과 비교하면 동정정변動靜定變의 차이가 있다고 하겠다.

3. 인종적 고찰

조선민족은 과연 어떤 종족이 주체를 이루고 있고, 어떤 종족이 섞여 있는가에 대해서 오늘날까지 권위 있는 연구의 성과를 볼 수 없다. 이것은 아마도 규명하기 어려운 문제이기 때문일 것이다. 그러나 적어도 만주에 살고 있는 우랄 알타이 계열의 부여족과 조선 반도 중남부에 살았던 한족韓族이 한데 섞여 이루어졌음은 의심할 여지가 없다. 그리고 중국 한나라 때부터 한족漢族이 지배층으로 와서 문화를 전하고 어느 정도 피를 섞었을 것이다. 남쪽의 왜인倭人과의 혈족적 관계는 오늘날 적극적으로 밝힐 수 없으나, 일본에 한인韓人이 귀화하여 살았던 것처럼, 왜인이 조선에 이주하여 살았다고는 믿기 어렵다. 겨우 남방 경상도 일부에 왜인의 피가 흘러들어간 것 외에 혼혈의 사례를 보기란 불가능하다.

오늘날 전하는 조선 고대 민족의 특성으로, 예의와 염치를 좋아하고 싸움을 좋아하지 않는 것 정도는 분명하다. 『산해경山海經』의 동이東夷에 대한 기록 가운데 조선이 "군자의 나라로서 북쪽에 있고, 의관을 갖추고 검을 찼으며 짐승의 고기를 먹는다. 사람들은 겸손과 양보를 즐기며 싸우지 않는다(君子國在其北. 衣冠帶劍食獸. 其人好讓不爭)."라는 대목을 볼 수 있다.

4. 언어적 고찰

조선어학의 연구도 또한 오늘날 혼돈의 상태이나, 조선어를 이해하는 일본인의 숫자가 적지 않다. 하지만 『삼국유사三國遺事』에 실린 신라시대의 노래를 이해하는 사람은 없다. 조선어의 역사적 연구는 아직 갈피를 잡지 못하여 조선어 전적典籍의 연구 또한 권위를 인정할 만한 것이 없다. 다만 조선어를 일본어와 기원이 같다고 보거나, 혹은 몽골어와 같은 계열로 보는 연구는 이루어지고 있는 형편이다. 하지만 그 어떤 것도 근본적이고도 조직적으로 전체를 연구한 학설이라고 할 수 없다.

나는 조선어학이 인종학과 마찬가지로 권위 있는 연구 성과가 나오기란 아직은 요원하다고 생각하는 입장이다. 그럼에도 불구하고 나는 조선어의 어법이 일본어의 어법과 마찬가지로 교착어로서 유럽이나 중국어와 같은 굴절어는 아니라는 것 정도는 알겠다. 또한 조선어 구성의 근본이, 사회 계급에 대한 사고에 따라 동일한 의미라도 대화자의 신분에 따라 때로는 높여서 표현하기도 하고 때로는 낮추어 표현하거나, 또는 높이지도 낮추지도 않고 적당하게 표현하는 두 가지 요점이라는 것은 부정할 수 없는 사실이다.

언어가 교착어인가 굴절어인가에 따라서 민족성에 어떠

한 차이를 낳는가는 아직 정해진 학설은 없다. 또한 언어학자 사이에서 정설이 없더라도, 언어를 통해 계급의 사고를 표현하는 것은 조선이 애초에 조선어를 국어로 삼을 당시부터 일찍이 사회에 계급이 존재해서 민족의 각 구성원들이 계급에 따라 나뉘었음을 분명히 나타내는 증거라고 하겠다.

5. 사회적 고찰

여기에서 사회적 고찰이란 가장 좁은 의미로 집단으로서 조선 사회의 조직과 단위, 그리고 그것을 통제하는 조선인의 이상을 살피는 것을 가리킨다.

조선 사회는 주지하는 바와 같이 통치자와 피치자被治者, 그리고 천민의 세 가지로 조직된다. 통치자는 문무의 사족士族, 피치자는 농상공민農商工民, 천민은 노비, 악공·광대, 상여꾼, 갖바치, 백정, 기생, 무당, 승려의 여덟 부류이다. 이와 같은 사회적 계급은 기원을 알기 어려우나, 사족은 사회 세력을 지닌 부류이고, 상민은 사회 생산력을 지닌 부류이고, 천민은 사회 생산력에 효용이 없는 잡업에 종사하는 부류이다. 그래서 상민은 사족을 기르고, 사족은 상민이 생산한 재물을 다투는 계급이라고 하겠다. 이러한 사정은 앞서 언어의 계급성에 대해 언급한 바와 일치하는데, 조선 사회의 가장 큰 특징이며 조선인은 이 계급성을 오랫동안 보존하여 오늘날에 이른 것이다.

조선 사회의 단위는 개인이 아닌 가문이다. 한 사람의 남편과 한 사람의 아내로 조직되는 각각의 가족이 아니라, 하나의 부부를 중심으로 생겨난 몇 개, 몇 십 개의 작은 가족으로 분화·전개한 모두를 포함하여 일가一家라고 일컫는 대가문이다. 조선 사회에서 세력을 지닌 계급은 사족이다. 사족은 저마다 모두 대가문이다. 세력의 경쟁은 대가문과 대가문의 경쟁이다. 일찍부터 조선 사회는 사회 조직에서 계급의 존재를 인정했다. 즉 사회를 통제하고자 하는 일반적인 희망이 조선인 생활의 이상도 정했다고 하겠다. 천민은 애초부터 그런 것이 없었고, 상민의 이상은 사족의 생활을 누리는 것이고, 생산자의 위치보다도 세력 계급으로 상승하는 데에 있었다. 사족의 이상은 관리로서 녹봉을 얻고 높은 위치에 올라 자신의 가풍을 떨치고 가문의 영광을 빛내는 것이었다.

6. 역사적 고찰

조선의 역사는 독립 국가의 역사로서의 가치가 없다. 약 2천 년을 거쳐 내홍內訌을 겪거나 예속을 겪은 역사라고 해도 과언이 아니다. 따라서 조선인 전부가 우러르는 이상적 인물인 민족적 위인의 출현을 보지 못했다. 만약 조선인이 자랑할 만한 역사적 인물을 꼽으라면 평양에서 조선을 열었던 것으로 그들이 믿고 있는 은殷나라 때의 기자箕子(?~?) 정도라고 할까. 기자가 조선인이 아니라는 사실은 조선 역사가 국민적 가치를 결여하고 있음을 가장 잘 나타내는 사례라고 하겠다. 그러므로 조선인 스스로도 자국의 역사는 자못 경시하여 불필요한 학문이라고 한다.

조선의 정사正史로서는 『삼국사기三國史記』, 『고려사高麗史』가 첫째 부류를, 『삼국유사三國遺事』, 『동국통감東國通鑑』, 『동사회강東史會綱』, 『국조보감國朝寶鑑』이 둘째 부류를 이룬다. 모두 조선에서는 희귀한 서적에 속한다. 도성의 장서 대가 이외에 보통의 독서가는 보기 어렵다. 이와 반대로 『자치통감강목資治通鑑綱目』은 심지어 산간의 벽촌이라도 서당이 있는 곳이라면 읽지 않는 곳이 없을 정도이다.

그러므로 조선의 학동들은 신라 태종의 삼국통일의 사적을 알기도 전에 한漢나라 말기 삼국의 정립鼎立이나 조조曹操

(155~220), 유비劉備(161~223)가 중원을 다툰 것을 알게 되는 것이다. 아마 많은 조선의 학동들은 신라 태종의 삼국통일의 위업은 평생 배우지도 못하고 지나가게 될 터이다. 그들은 자국의 역사를 공부하지 않는다. 따라서 자국 역사에 대해 얻을 수 있는 지식은 호사가들이 단편적으로 엮은 기사괴문奇事怪聞으로 가득한 야담이나 그렇지 않으면 입에서 입으로 전하는, 연대를 무시한 과장된 역사 이야기 정도이다. 역사의 제일 요소라고 할 수 있는 어떤 사건이 왜 일어나서 어떤 결과를 이루었나 하는 역사적 인과에 대해서는 전혀 무지한 것이다.

7. 정치적 고찰

조선의 정치 제도는 신라 통일 이후 약 1천3백 년을 거쳐 형성된 전제군주제도였다. 전제군주라고 해도 속국인 이상 왕이라고 칭할 정도에 불과했다. 그리고 제도와 법전과 같은 것도 대부분 중국을 모방하여 만든 것이었다. 중국의 국풍은 원래 형식적이었다. 법령 제도는 전적典籍으로나

갖출 뿐 실제로는 책상 위의 문구류나 마찬가지였다. 그래서 조선의 백성은 그런 것에 신경도 쓰지 않고 제 고장의 관습에 따라 생활을 했다. 이와 같이 조선은 제 나라와 중국의 사정이 다른 것을 생각하지도 않고 함부로 모방했으니, 우리 일본의 법률제도(슈甲制度)와 같은 것은 이룰 수도 없었다. 따라서 조선의 행정이란 제도를 헛되게 하고 실제로 치자의 양심과 이해의 판단에 따라 적당히 시행한 것이었다.

그러나 중국의 정치 상황과 전혀 다른 점은 신라, 고려, 조선을 거치는 가운데 일찍부터 중앙집권제도로 인해 봉건 번진藩鎭 제도를 이룰 수 없었다는 것과, 정치적 이상을 유교의 정치학에 두고 왕조를 교체하여, 중국에 비해 1천3백 년간 겨우 세 개의 성씨를 바꾼 데에 불과하다는 것, 이 두 가지이다. 이 모두 조선이 역사적으로 공고한 중앙집권을 이루고 있었기 때문이다. 따라서 정치의 가장 큰 문제는 내치가 아닌 외교였다. 밖으로 중국, 북호北胡, 일본에 대해 이른바 사대事大·수무綏撫·교린交隣이라는 3대 방침에 따라 많은 왕과 재상이 고심참담한 역사를 지냈다. 정치가의 능력도 내치의 시정施政, 즉 부국강병의 대책에 대해서 경륜을 세우기보다도 사대교린의 수단을 연마하는 방면에서 많은 발달을 나타냈다.

8. 문학·예술의 고찰

오늘날 남은 조선의 고미술 가운데 중국인의 손으로 이루어진 것과 조선인의 손으로 이루어진 것의 구분은 아직 분명하지 않다. 아마도 북부 강서의 고분 벽화와 같은 것은 중국인의 손에서 나온 것이 아닌가 한다. 남부의 석조 불교미술이 조선인의 작품인지 의심할 여지는 없다. 나는 비교미술의 식견이 없으므로 중국 당나라 때 제작된 예술품과 관련하여 도대체 어떤 관계가 있는지, 어떠한 창작 기술을 나타내는지 판단할 수 없어서 유감이기는 하나, 아마 그 재료를 석재, 특히 화강암으로 한 이외 조선의 독특한 예술 기교를 나타내는 바는 거의 없다고 본다.

어쨌든 신라 시대에는 그와 같은 걸작을 남긴 장인의 미술적 수완이 있었으나, 그 민족이 일단 불교로 쇠망함에 따라 그들의 기교 또한 허망하게 땅속에 묻혀, 속악한 불교회화만이 남게 되었다. 적어도 3백 년 이상 조선인은 심미적 정서의 가치를 인정하지 않았다. 조선인은 시각을 자극하는 강렬한 색채 이외 고상하고 우아하고 온화한 색채가 있다는 것을 몰랐다. 일정한 양식을 갖춘 실용적 건축물과 용기 이외 풍격과 운치를 알지 못하는 민족인 것이다.

문학 또한 그 형식과 사상 모두 중국 문학의 틀에서 벗어나지 못했다. 고유한 문자로서 이두, 언문 두 가지가 있으나, 일찍이 이로써 이루어진 가치 있는 문학작품은 없다. 형식과 사상 모두 중국의 모방이므로 문학의 천재가 나오지도 못하고, 그들의 작품 또한 중국을 능가하지도 못했다. 문학은 민족 성정의 미적 진수를 나타내므로, 그와 같이 철두철미하게 모방으로 일관했던 사실은 조선 민족이 정신적으로 중국에 완전히 흡수된 결과라고 하겠다.

이미 조선의 문학은 중국 문학의 모방이라고 했다. 따라서 형식에 갇혀 사상을 펼칠 수는 없었다. 뛰어난 문학작품이라도 공통적으로 나타난 정서가 독자를 감동시키는 경우도 적다. 다만 신라 시대 국운이 성할 무렵 이두로 쓴 민족 시가의 경우 우리 일본의 『만엽집萬葉集』과 같은 것이 있을 법하나 오늘날 전하지는 않는다. 그나마 전해서 읽을 수 있는 것도 두세 가지에 불과하다. 조선의 문학은 예술과 함께 자못 빈약하다 하겠다.

9. 철학적 고찰

조선에서 철학이 전래된 것은 고려 충렬왕忠烈王 (1236~1308, 재위 1274~1308) 때 『주자전서朱子全書』가 전해져 태학太學에서 연구된 것이 처음이다. 그 이전에 전래된 것이 불교의 화엄종華嚴宗, 천태종天台宗 또는 삼론종三論宗, 유식종唯識宗 등이다. 이들은 넓은 의미에서 철학 가운데 포함시키기 어려우나, 어쨌든 종교적인 신앙심을 일으켜 안심安心을 얻기 위해 정진正眞 지해知解를 목적으로 하는 만큼, 좁은 의미에서 철학이라 하지 않을 수 없다. 불교 이외 조선 민족 재래의 인생관은 소박하나마 있었을 터이나 오늘날에도 전하는 것은 없다. 그러므로 조선에서 순수철학, 즉 형이상학의 연구는 주자학朱子學의 수입을 기원으로 삼을 수밖에 없다.

주자학, 즉 성리학性理學은 불교, 특히 기신론起信論과 선학禪學의 철학적 측면의 이론에 유교의 형식과 내용을 입힌 것이다. 주자학의 실천적 측면에 이르면 물론 공자孔子(기원전 551~479), 증자曾子(기원전 505~435년), 자사子思, 맹자孟子(기원전 372?~289?) 등 유교 선현의 윤리설을 존중하고 따르나, 윤리의 근본 원리 그러니까 이기설理氣說, 태극설太極說의 경우 불교의 불성과 무명無明 훈습薰習 제9식과 제8식의 번안에 불과하다. 그러므로 불교를 국교國敎로 세운 당시 조선인에게 주자학은 지극히 수용하기 쉬운 철학이었다.

그러나 중국에서 유학 학파는 주자학만이 아니다. 당시 이미 주자학과 대립했던 육상산陸象山(1139~1193)도 있었고, 명明나라 때에는 왕양명王陽明(1472~1529)도 있었을 뿐만 아니라, 노장老莊의 학문 또한 사상의 중요한 한 부분으로 자리 잡았다. 오로지 조선은 한 번 주자학을 받든 이래, 다른 학파나 학문은 일고의 가치도 없는 것으로 보거나, 심지어 이단시하고 배척하기까지 했다. 철학은 순수 이성의 학문이고 자유로운 토론의 학문이다. 그러한 성격으로 하나의 원리를 세우면 이미 한 단계 향상된 원리의 건설을 기획하는 것이 나타나게 마련이다. 오직 조선에서만 일찍부터 이러한 일이 없었다. 조선인은 대략 7백 년간 주자학의 이기이원론理氣二元論의 학설에만 만족하고 맹종하여 다른 합리적 철학은 없다고 믿었다. 조선의 철학은 진보도 없고 발전도 없이 처음부터 화석화되었다.

10. 종교적 고찰

신라와 고려 시대의 불교는 중국에서 성립한 모든 종지宗旨로부터 비롯하여 각 파의 장점을 드러내었다. 그러나 고려를 마지막으로 조선적인 불교 종지는 생겨나지 못하게 되었다. 외국의 종교는 반드시 그 나라 사정의 어떤 부분과 결합할 수밖에 없는 점이 있으므로, 일단 전래된 이후 오랜 시간이 지나면 반드시 그 국가와 사회에 적응하고 융화하여 새로운 종지가 나타나게 되어 비로소 국교로서 불후의 생명을 얻게 된다. 그래서 조선에서도 마침내 조선의 불교가 일어나지 않을 수 없었다. 고려 시대에 이르러 화엄종의 한 분파로서 원효의 해동소海東疏를 근간으로 하는 해동종이라 하는 종파가 생겼다. 이 종파가 조선 불교를 대표한다고 볼 수 있다. 그러나 화엄종이 한 종파가 된 것은 신라의 고승 의상義湘(625~702)이 당나라에 가서 중국 화엄종의 제2조祖인 지엄智儼(600~668)으로부터 가르침을 얻고 돌아오면서부터이다. 이 화엄 사상을 이해하고 해석한 원효元曉(617~686) 대덕이 해동종海東宗을 개교開敎하게 되었다. 고려 시대 보조국사普照國師 지눌知訥(1158~1210)의 조계종曹溪宗 개종開宗도, 임제선臨濟禪을 근본으로 하여 화엄돈종華嚴頓宗을 부차적으로 보태어 교종敎宗을 선종禪宗으로 포섭包攝시킨 것일 뿐이다. 또한 이는 당나라의 이장자李長者 통현거사通玄居士의 『화엄론華嚴論』, 규봉圭峯의 『선원도서禪源都序』를 원전으로 한 것이다. 이 점에서 조선의 불교는 철학, 문학과 마찬가지로 독창적인 성격을 결여하고 있다.

조선 시대에 이르러 불교는 고려 시대의 불교 흥성에 대한 반동으로 파괴적인 억압을 당해, 태종太宗(1367~1422, 재위 1400~1418)을 거쳐 세종世宗(1397~1450, 재위 1418~1450), 성종成宗(1457~1494, 재위 1469~1494), 연산군燕山君(1476~1506, 재위 1494~1506)에 이르는 동안 사회적 존립의 근거를 잃어, 그저 사찰의 잔해만이 남아 있을 뿐이었다. 그러나 이와 같은 절대적 박해를 겪으면서도 승려나 신자 가운데 순교자의 정신을 발휘하여 정부의 횡포한 종교정책에 반항한 사람은 없었고, 모두 시종일관 억압당하는 채로, "해치면 해치는 대로" 움츠러들어 겨우 명맥을 이어왔다. 신라와 고려 두 시대 7백 년 동안의 불교 숭상은 조선 시대에 이르러 어떠한 힘도 발휘하지 못했던 것이다. 이는 참으로 기이한 현상이 아닐 수 없다. 조선의 불교는 사실상 불교를 통해 정치적 복리를 증진시킬 수 있다고 믿는 왕의 귀의와, 외호外護에 의존하여 포교되었다. 평민 신자들을 얻어 결국 왕에 이르기까지 교화시키지는 못했다. 그 기반은 오로지 왕실에 있을 뿐이었다. 그래서 왕도 귀의하지 않고 외호의 손도 떠난 시대에는 마치 나무에서 떨어진 넝쿨과 같이 땅에 떨어져 기어 다니며 겨우 고사를 면할 수밖에 없었다. 그러니 왕에 반항하거나 하는 기세란 상상조차 할 수 없었다. 조선인은 정치 만능의 민족이다. 정치적 권력의 발동에 대해 어떠한 사회적인 세력도 저항할 수 없다.

11. 풍속·습속의 고찰

조선 시대에 이르러 풍속, 습속의 특색이라고 볼 만한 것은 유교 교양의 실현이라고 하겠다. 조선조 정치는 5백 년 동안 어떻게 전 사회를 유교의 이상에 합치시키는가 하는 데에 가장 큰 노력을 기울였다. 2백 년간 당쟁거리가 되었던 예론禮論 역시 이러한 의미를 둘러싼 쟁론이었다. 관혼상제의 4대례大禮, 일향일족一鄕一族의 규약 모두 유교의 교의에 따라야 했다. 이를 우리 일본에 비교하자면 마치 중국풍을 모방한 왕조시대[1]의 풍속, 습관과 비슷하다고 하겠다.

---

1 역주 일본사에서 왕조시대는 흔히 천황이 정치의 실권을 장악했던 시기를 가리킨다. 대체로 헤이안 시대(平安時代, 794~1191)만을 가리키기도

백성의 사상 역시 그 이상 나아가지 못했다. 아마 오늘날 세계에서 가장 오랜 풍속, 습관을 유지하는 민족 가운데 하나일 것이다. 따라서 그들은 각종 문명 제도를 이용하고 문명의 이기利器에 순응하기란 더욱 곤란하다. 그런가 하면 유교사상이 함양한 사회의 미점美點과 중세의 미풍을 보존하고 있고, 예양禮讓, 돈후敦厚, 질박質樸, 안분安分 등 인간 생활에 여유가 있다. 그래서 조선 시대의 잔영을 남기고 있다.

하나, 엄밀하게는 가마쿠라 막부(鎌倉幕府, 1192~1338) 이전의 시대 전체를 왕조시대라고 보아야 한다.

제2장 _ 조선인의 열 가지 특성

1. 사상의 고착固着

지금까지의 열한 가지 측면에서 대강이나마 조선인을 고찰한 바를 종합하여 이로써 일반적인 특성을 이끌어 내고자 한다.

첫째, 사상의 고착이다. 고착성은 유동성과 반대이다. 이것은 조선인이 한번 어떤 사상을 수용해서 이를 자신의 사상으로 삼으면 끝까지 그것을 붙들고 즐기며 그 권위 아래에 있는 것을 가리킨다. 그리고 그러한 사상을 받아들인 당시의 동기가 무엇이었던가는 묻지 않는다. 그 가운데 어떤 것은 새롭게 전래되어 조선의 사상계를 차지해 버린 것도 있다. 또 어떤 것은 강한 정치적인 힘이 반드시 수용하도록 강제한 것도 있다. 또 어떤 것은 권위 있는 학자의 언행에서 비롯하여 널리 일반적인 사상이 된 것도 있다. 이 가운데 어떤 경우라도 조선인은 일단 받아들인 이상 이후 새로운 사상이 전래되더라도 그것으로 옮겨 가는 일은 없다.

　이러한 예를 조선의 종교인 불교의 역사에서 찾아본다. 이를테면 신라에 새롭게 전래된 불교는 여러 기존의 예식, 풍속, 신앙과 융화하지 못하여서 유포되기 어려웠다. 하지만 일단 왕이 귀의하자 고구려, 백제, 신라 세 나라에 일제히 불교가 풍미하여 상하귀천의 구별 없이 모두 믿기에 이르렀다. 그래서 지리적 관계로 인해 조선 불교는 모두 동시대 중국 불교의 종지를 전해 받았다. 그리고 신라의 성대盛代에는 수나라와 당나라에서 성립한 종파가 모두 전해져, 삼론三論, 법상法相, 율律, 화엄華嚴, 천태天台, 섭론攝論, 열반涅槃, 염불念佛, 선禪, 지론至論, 밀교密敎, 구사俱舍, 성실成實 등 13종파가 대립하면서 성황을 이루었다. 그 가운데 섭론, 지론, 구사, 성실 이 네 종파는 고려 시대 초기, 혹은 신라 말기에 이르면 거의 사라지나, 열반종 이외의 종파는 여전히 존속되어 고려 시대 말기, 혹은 조선 시대 초기에 이르렀다. 열반종도 사실 종학宗學으로서 고려 중기까지 존속했다.

　중국이나 일본 불교사의 경우, 삼론종이나 열반종과 같

은 종파는 일찍이 당나라 말기에는 사라지고, 화엄종이나 천태종도 송나라 이후에는 거의 사라진다. 특히 일본에서는 언제나 새로운 종지가 옛날의 종지를 압도하여, 그 결과 순수한 일본 불교라고 할 만한 진종眞宗, 일련종日蓮宗이 발생하기에 이르렀다. 조선 불교는 실로 오랫동안 종지를 전하고 보존했다. 그래서 중국 월越나라 왕 전육錢僇(852~932)은 고려 시대의 옛 불전을 구하여 사라진 화엄종과 천태종 경전을 복구했다.

조선 시대에 이르러서는 대대로 척불斥佛의 방침을 굳게 지켰다. 세종 대에 이르러 선종과 교종 단 두 종파만이 남고 나머지는 모두 사라졌고, 불교 전적 또한 사라져 찾아볼 수조차 없게 되었다. 다만 해인사의 경판이 국보로서 고려 시대 군신의 숭불의 웅대함을 전할 뿐이었다. 고려대장경 중 조선의 고승에 대한 찬撰과 관련한 것으로는 원효, 체관諦觀(?~?) 두 대사의 몇 가지 종류만이 남아 있을 뿐이다.

한편 유교의 경우, 고려 충렬왕忠烈王(1236~1308, 재위 1274~1308) 27년(1301) 회헌晦軒 안향安珦(1243~1306)이 처음 『주자전서朱子全書』를 북경에서 얻어 그해 3월 개성으로 가지고 와서, 성학聖學의 본지는 이밖에 없다고 보고 주자학을 창도唱導했다. 그리고 마침내 고려 태학太學에서 주자학을 강의한 이래, 6백여 년이 지난 오늘날에 이르기까지 주자학 이외의 학파는 등장하지 못했다.

명나라 때 왕양명이 일으킨 학문이나 저작 역시 이미 조선에 전해진다. 명종明宗(1534~1567, 재위 1545~1567) 대의 퇴계退溪 이황李滉(1501~1570)도 왕양명의 저작을 보았고, 그 밖에 율곡栗谷 이이李珥(1536~1584), 서애西厓 유성룡柳成龍(1542~1607) 등 여러 대 유학자들이 모두 보았다. 그러나 오로지 유성룡 한 사람만 겨우 관대하게 보고 충격을 받았을 뿐, 그 밖의 유학자들은 이단 사설邪說이라 해서 왕양명의 저작조차 일반 독서가들에게 읽히지 않았다. 후일 청淸나라에서 고증학파考證學派가 성했을 때에도 그들의 저작 또한 한양漢陽에 들어오지 못했다. 순조純祖(1790~1834, 재위 1800~1834) 대 시서詩書의 대가인 완당阮堂 김정희金正喜(1786~1856)만 겨우 고증학을 공부할 뿐, 그 밖의 유학자들은 모두 성학聖學과 상관없는 한심한 학문이라고 여겼다.

고려 시대 유학자의 저술은 적어서 자세한 사정을 알기 어려우나, 조선 시대에 이르러 유학, 즉 철학의 대논쟁인 이황과 고봉高峯 기대승奇大升(1527~1572) 간의 사단칠정四端七情·이발기발理發氣發의 논쟁과 같은 것은 바로 주자학 내부에서의 견해 차이로서, 『주자전서』 중의 어구를 들어 저마다 자신이 옳다고 한 것에 불과하다고 하겠다. 즉 이황은 『맹자孟子』의 이른바 측은지심惻隱之心, 수오지심羞惡之心, 사양지심辭讓之心, 시비지심是非之心, 즉 인의예지仁義禮智의 성성性이 나타난 사단은 이理의 발현으로서 순수한 선善이고, 희

喜·노怒·애哀·락樂·애愛·오惡·욕欲의 칠정은 기氣가 발현하여 선과 악이 서로 뒤섞여 있다고 보았다. 반면에 기대승은 사단이 이의 발현이라는 데에는 수긍하나 칠정은 이와 기가 모두 발현한 것이라고 주장했다. 그럼에도 불구하고 두 사람 모두 주자의 이기이원론理氣二元論의 범주를 벗어난 것은 아니다.

이와 같이 조선처럼 오랜 세월 동안 사상의 한 원리에 만족하여 다른 원리를 받아들이지 않은 민족은 세계사상사에서 드물다는 사실은 두말할 나위도 없다. 그래서 선조宣祖(1552~1608, 재위 1567~1608) 대 유학자 장유張維(1587~1638)의 『계곡만필谿谷漫筆』(1643)에는 조선의 유학이 정주학程朱學에 대해서만 집착하여 결코 흔들리지 않는 것을 두고 다음과 같이 평했다.

중국의 학술은 다양하다. 정학正學(유가儒家의 학문)이 있는가 하면 선학禪學(불가佛家의 학문)과 단학丹學(도가道家의 학문)이 있고, 정주程朱(정자程子와 주자朱子)를 배우는가 하면 육씨陸氏(상산象山 육구연陸九淵)를 배우기도 하는 등 학문의 길이 한 가지만 있는 것이 아니다.

그런데 우리나라의 경우는 유식 무식을 막론하고 책을 끼고 다니며 글을 읽는 자들을 보면 모두가 정주程朱만을 칭송할 뿐 다른 학문에 종사하는 자가 있다는 말을 들어 보지 못하였다.

어쩌면 우리나라의 사습士習이 중국보다 실제로 훌륭한 점이 있어서 그런 것인가. 아니다. 그래서 그런 것이 아니고, 중국에는 학자가 있는 반면에 우리나라에는 학자가 없기 때문에 그러한 것이다.

대체로 중국의 인재들은 그 지취志趣가 결코 녹록碌碌하지를 않아서, 이따금씩 큰 뜻을 품은 인사가 나오면 성실한 마음가짐으로 학문의 길에 매진하기 때문에, 그의 취향에 따라 학문의 성격은 서로 같지 않을지라도 각자 실제로 터득하는 바가 왕왕 있게 되는 것이다.

그런데 우리나라는 그렇지를 못해서 기국器局이 워낙 좁아 구속을 받은 나머지 도대체 지기志氣라는 것을 찾아볼 수가 없기 때문에, 그저 정주程朱의 학문이 세상에서 귀중하게 여겨진다는 말을 얻어듣고는 입으로 뇌까리고 겉모양으로만 높이는 척하고 있을 따름이다. 그런 까닭에 소위 잡학雜學이라는 것조차 나올 여지가 없으니, 또한 어떻게 정학正學 방면에 소득이 있기를 기대할 수가 있겠는가.

이를 비유하자면, 땅을 개간하고 나서 씨를 뿌려야만 이삭이 패고 열매를 맺을 것이요, 그런 뒤에야 오곡五穀이니 제비稊秕(돌피와 쭉정이)를 구별해 낼 수 있는 것과 같다고 할 것이다. 그런데 눈에 보이는 것이라곤 말과 비틀어진 땅덩어리뿐인데, 거기에서 무엇을 오곡이라 하고 무엇을 제비라 할 수 있겠는가.

이렇게 말하며 조선인의 사상의 고착을 오로지 무기력의 소치로 보았다. 이 또한 탁월한 안목이라고 할 만하다.

한편 풍수설과 같은 미신에서도 그러한 특성을 잘 볼 수 있다. 죽은 이의 묘지의 위치에 따라서 자손에게 길흉화복이 미친다는 사상은 신라 말기에 이미 그 싹이 보이는데, 고려 시대와 조선 시대를 거쳐 더욱 성하게 되었다. 그 기술은 점점 정밀하게 진보했고 가끔 풍수설을 배척하는 지식인이 없었던 것은 아니나 사회 전반의 믿음은 완고하게 변할 줄 몰랐으니, 오늘날 대다수의 조선인은 마음 깊은 곳으로부터 믿지 않는 이가 없을 지경이다. 예전 조선총독부가 공동묘지령을 공포했을 때 조선인의 원성이 경향 각처에서 들끓었던 것은 바로 그러한 사례라고 하겠다.

사상의 고착은 장복章服의 제도에서도 볼 수 있다. 신라 시대 초기에는 아직 의관의 제도가 분명하지 않았다. 불교를 공인했던 법흥왕法興王(?~540, 재위 514~540) 때에 이르러 비로소 백관百官 공복公服을 색깔에 따라 단계를 정했는데, 이때까지는 당나라의 제도에 온전히 부합하지는 않았다. 진덕여왕眞德女王(?~654, 재위 647~654) 2년, 그러니까 당나라 정관貞觀 22년(648) 무렵 당唐나라의 문물이 가장 완비된 시대에 김춘추金春秋(602~661)를 보내어, 장복章服을 고치고, 중국의 제도에 따를 수 있도록 청하여 허락을 받아, 당나라 내고內庫의 진복珍服을 얻어 돌아왔다. 이에 따라 의대衣

帶는 당나라 제도에 따르게 되었다. 문무왕文武王(?~681, 재위 661~681) 4년(664)에는 부인복도 고쳐서 당나라 제도에 따랐다.

이후 중국에서는 오대五代, 송宋나라, 원元나라를 거쳐 장복의 제도 또한 크게 변하여 당나라의 것은 보기 어렵게 되었으나, 조선은 신라가 망하고 고려 시대에 이르러서도 여전히 장복은 옛 제도를 답습하여 대체로 당나라 제도를 보존했다. 그래서 고려 예종睿宗(1079~1122, 재위 1105~1122), 인종仁宗(1109~1146, 재위 1122~1146) 대 김부식金富軾(1075~1151)은 숭녕崇寧 연간(송나라 휘종 시대 1100~1125)에 사신 유규劉逵, 오식吳拭이 와서 당나라 제도가 남아 있는 데에 감탄한 일을 다음과 같이 기록하여 남겼다.

송나라 사신 유규와 오식이 우리나라에 와서 사관使館에 있는 동안, 연회 때에 우리 옷차림으로 단장한 여악공을 보고 불러다가 계단 위로 오르게 했다. 그들은 넓은 소매옷(闊袖衣)과 색사대(色絲帶), 큰 치마(大裙)를 가리키며, "이것은 모두 3대(하夏·은殷·주周)의 복색인데, 아직도 여기서 입을 줄은 몰랐다."고 놀라워했다. 그리고 그들은 오늘날 부인 예복이 모두 당나라의 옛 복식임을 알고 놀랐다.

고려 시대에는 원나라가 흥할 때에는 원나라의 의관 복

제를 따랐는데, 충렬왕 4년(1278) 2월 무렵에는 모두 원나라의 의관을 갖추고 변발도 늘어뜨렸다. 충렬왕 16년(1290)에는 백관들이 비로소 갓을 쓰고 조알朝謁을 했다. 그러나 원나라가 쇠하여 도적들이 사방에서 일어나자 공민왕恭愍王(1330~1374, 재위 1351~1374)은 원년부터 일찍이 오랑캐의 풍속이라며 변발을 풀고 옛 제도로 돌아가, 공민왕 19년에는 명明나라 태조太祖(1328~1398, 재위 1368~1398)로부터 면복冕服을 받았다. 그런데 조선 시대에 이르러서도 백관의 장복은 오히려 고려의 옛 제도를 따라 어느 정도 당나라 제도를 유지했다. 『황청직공도皇淸職貢圖』에 "조선국의 관리 모두 당나라의 관복을 입었다."고 하는 대목으로 이러한 사정을 엿볼 수 있다.

조선인의 의복제도는 고종 갑자년(1864) 민영익閔泳翊(1860~1914)의 상소에 따라 넓은 소매를 잘라 통소매로 바꾼 것 외에는 옛 제도의 현저한 변화란 보기 어렵다.[2] 특히 의복의 색이 소박한 것을 즐기게 된 유래는 매우 오래되었는데, 이를 역사를 통해서 살펴보자면, 일단 『삼국지三國志』에서 다음과 같은 기록을 볼 수 있다.

---

2 역주 고종 대의 갑자년은 서력으로 1864년이나, 사실은 갑신년인 1884년이 타당하다. 이해에 고종은 보빙사報聘使로 미국에 다녀온 민영익의 건의를 받아들여, 갑신의제개혁안을 반포하면서 관복과 사복의 개량을 명한다.

부여국 사람들은 항상 흰 옷을 입는데, 그 옷은 흰 삼베로 된 큰 소매의 두루마기이고, 갓신을 신는다.

고구려, 예맥濊貊, 백제의 원 종족인 부여족의 옷 색깔이 희다는 것은 이로써 입증된다(은나라는 흰색을 숭상해서 기자가 평양에 왔을 때에도 흰 옷을 입었고, 그래서 조선의 흰 옷은 기자의 옛 관습이라는 이야기가 있다. 이는 전설로서의 가치는 있지만 믿을 만한 것은 못 된다). 신라 시대 서민의 의복 색깔은 『북사北史』의 「신라전新羅傳」에도 "옷의 빛깔이 늘 희다(服色素尙)."고 전해 오는데, 『송사宋史』에도 다음과 같은 기록이 전한다.

남자와 여자의 옷은 흰 것을 좋아한다.

그래서 조선 민족의 의복이 흰색인 것은 부여 이래 옛 관습으로서 신라, 고려, 조선을 거쳐 오늘날에 이르기까지 열에 아홉은 흰색이다. 색깔옷을 입는 사람은 어린이거나 서울에서 유행에 따라 사치하는 이들뿐이다. 옷의 색깔에도 장복과 마찬가지로 고착이 심한 것을 알 수 있다.

조선의 국체國體가 중국과 마찬가지로 한 시대 가장 덕 있는 자가 시대의 주권자의 위치에 있는 것을 이상으로 함에도 불구하고, 1천3백여 년간 주권자의 성씨를 바꾼 사례는 겨우 세 번에 불과하다. 게다가 역성혁명의 때에도 특별히 격렬한 쟁탈의 활극을 벌인 일이 없이, 거의 스스로 힘이 다하여 자연스럽게 쇠망해서 다른 성씨에게 주권을 물려준 것으로 보인다. 조선 말기 정치와 법이 부패하여 이미 심각한 지경에 이르렀음에도 불구하고 오히려 국체를 바꿀 수 없다고 기치를 든 자가 제법 많았던 사정도 역시 중국의 민성民性과는 다르다는 것을 나타낸다. 그리고 이 또한 고착성으로 설명해야 할 것이다. 오늘날 왕가에는 따르지 않고, 피폐한 정치로 괴로워하면서도 감히 새로운 왕가를 세우려 하는 일은 조선인이 쉽게 생각할 수 있는 일이 아니다. 그렇게 세월을 끌어 몇 대를 거치면서 신라, 고려, 조선 저마다 4백 년 동안이나 나라의 운명을 이어갔다.

조선의 속담에 "옛 법을 바꾸지도 말고 새 법은 만들지도 말라."고 했다. 조선인의 사상의 고착을 잘 나타낸다. 그야말로 그들에게는 개량과 개악 사이의 구별 없이 변개變改란 그 자체로 절대 악인 것이다. 또한 옛날 그대로 동일한 궤도를 돌며 말하고 행동하는 생활을 해 나아가는 데에 한없는 즐거움을 느끼는 것이다. 소극적인 쾌락이라고 해도 어쨌든 자기의 성격에 맞는 정신과 감동을 낳았다고 볼 수 있다.

이와 같이 중국인보다 더한 고착성을 낳은 원인은 도대체 어디에 있는가. 앞에서 인용한 장유의 경우 조선인의 무기력에서 그 원인을 찾았다. 무기력은 즉 온유함으로 『산해경山海經』의 이른바 "양보를 좋아하고 다투지 않는다(好讓不爭)."는 대목과 꼭 맞는다. 의심할 바 없이 고착성, 무기력, 온유함은 똑같은 성질에 속한다. 그러나 이들 모두 서로 인과 관계에 있다고는 할 수 없다. 굳이 비유하자면 노인의 성질과 닮은 데가 있는 것이다. 노인은 특성상 무기력하고 다투지 않는다. 그리고 그 원인은 늙었기 때문이다.

나는 조선인이 이와 같은 특성을 지니게 된 주된 원인은 조선 반도를 구성하는 지질에 있지 않은가 하고 생각한다. 앞에서 지질학적 고찰을 하는 가운데 말한 바와 같이 조선 반도의 지반은 매우 고대에 속해서 이미 오늘날에는 변화와 발달이 멈추어 지속적으로 안정되고 은은한 상태로 무사무위無事無爲인 시기에 있다고 한 바 있다. 연기를 토하는 산도 없고, 불을 뿜는 굴도 없고, 산을 무너뜨리고 땅을 가르고, 바다를 요동치게 하는 지진도 없다. 이러한 지반에서 생겨난 식물도 새로운 지층에 속하는 토지에서와 달리, 생장도 늦고 종류도 적으며, 울창하게 번성하는 경우를 보기 어렵다. 게다가 온기가 적고 대륙 기후 때문에 봄의 꽃이나 가을의 단풍도 찬란한 아름다움을 드러내는 일은 없다. 사계절 항상 가라앉은 색채를 띤다. 이와 같은 땅 위에 사는 민족은 지반의 변화 많은 땅에 사는 민족에 비해 자연히 항상 그러한 자연에 감화를 받아 그 기상도 고요하고 은은하다. 변화 없이 안온함을 지켜 위태로운 데로 나아가지 않는 성정을 기르는 기세를 피할 수 없게 된 것이다.

오늘날 생생한 실제의 예로, 조선에 오래 살면서 특별한 수양을 쌓은 일본인은 어딘지 모르게 내지의 일본인에 비해 동적인 성질이 없어진 경향이 있다. 또한 몇 년간 조선에서 살다가 내지에 돌아와 내지의 풍광을 접할 때에는 순식간에 어딘지 모르게 정신에 고동을 느껴, 조선에서 살 때의 고요함과 은은함을 깨어 버리는 것을 들 수 있다. 다만 조선인은 고착성이 있지만 그런 한편으로 무기력하므로 한번 강한 의지, 그러니까 정부의 명령에 따라 변혁을 경험할 때에는 하루아침에 그러한 사고가 바뀌어, 바뀐 그대로 옛날로 돌아가자는 정부의 명령이 없는 한 영원히 그 변혁에 고착하게 된다.

조선인의 사상의 고착은 조선 태조 이후 세종을 거쳐 유교로 백성의 신앙, 사상을 통일한 데에 따라 한층 그 근성이 굳어진 듯하다. 유교는 이상을 과거에 둔 가르침이다. 유교의 황금시대는 요순堯舜의 치세에 있으므로, 이후에도 오랫동안 재현되지 않으면 안 되었다. 그래서 이러한 가르침을 받드는 민중도 항상 과거를 그리워하고 동경하여, 과거의 모든 것을 선과 미의 표상으로 생각하고, 변화와 경신更新을 죄악처럼 여기게 되었다고 볼 수밖에 없다. 조선과 같이 유교를 국교로 삼아 국민도덕의 근본으로 정하고 사회 정신의 전부를 이러한 규범에 맞추어 주조한 나라에서 백성의 기상이 사상적으로 고착성을 한층 강화하게 된 것은 당연할 터이다.

그리고 조선 시대 중기 이후 정치가 부패한 데에 따라 더욱 이러한 특성이 백성 사이에 강하게 나타나게 되었다. 왜냐하면 이 무렵에 이르러 정부로부터 새롭게 시행된 정책은 한결같이 점점 백성을 해치고 학대하는 것이었기 때문이다. 백성은 기존 정치가 희망을 주는 선정善政이라고는 생각하지 않았다. 이러한 정치가 바뀌어 새로운 정책이 시행될 때에는 반드시 한층 더 나빠져서 가장 나쁜 지경으로 나아갔으므로, 백성이 바라는 바란 그저 고통이 비교적 적은 옛 시정 그대로 변혁하지 않는 것이었다. 김윤식金允植(1835~1922)의 『운양집雲養集』 제3권에 정책政策과 관련하여 다음과 같은 대목이 있다.

> 어떤 사람은 요즘 백성의 풍속이 상처받고 손상된 것은 모두 새로운 법령 때문이고, 이 때문에 어지러워지고 격변하게 되었다고 한다. 하지만 그렇지 않다. 그렇다면 이 백성을 상처받고 손상되게 하여 가시 돋게 한 것은 누구의 탓인가. 그들의 생업을 제한하지 말아서 사람들이 항상 그러한 심성을 갖지 않도록 해야 한다.

즉 한번 정책이 시행될 때마다 백성은 주름살이 늘게 되었으니, 새로운 재난을 더하게 되는 일을 매우 싫어하고 꺼렸던 것이다.

2. 사상의 종속

두 번째는 사상의 종속이다. 이것은 사상이 중국에 종속되어 어떤 것도 조선의 독창적인 사상으로 볼 수 없는 것을 가리킨다. 바꾸어 말하여 사대주의라고 해도 무방할 것이다. 조선사를 연구하는 사람은 조선이 정치적으로 중국에 종속되어 있었다고 한다. 그런데 나는 정치적 종속보다도 사상적 종속 정도가 한층 더 심각하다고 본다.

신라 시대에는 당나라의 정삭正朔을 받들어 당의 보호국이 되었지만, 문무왕이 이미 안동진무대사安東鎭撫大使 이근행李謹行(?~?), 총관總管 설인귀薛仁貴(614~683)에게 이긴 이래 신라는 완전히 독립 행정을 허락받았고 다만 명목상으로만 당나라에 조공을 바쳤을 뿐이었다. 고려 또한 송나라와 요遼나라에 대해서도 역시 그와 같이 했다. 책봉을 받고 정삭을 받들어도 내정의 간섭을 받는 일은 없었다.

오로지 원나라가 고려를 무력으로 정복하여 명실공히 속국으로 만들었다. 원나라는 고려 총독을 파견하여 엄히 내정을 감독하고, 때때로 뜻에 따르지 않는 왕이 있으면 폐위까지 시킬 만큼 왕을 장악하여, 마치 나라 안에 하나의 큰 관리를 다시 두듯이 했다. 원나라가 망한 뒤 명나라 때에는 다시 송나라 때와 마찬가지로 명목상으로나마 책봉을 받고 정삭을 받들었다.

청나라는 원나라와 마찬가지로 조선을 정벌하고 남한산성 아래에서 맹약을 얻은 이래 조선을 명나라 때보다 더욱 엄하게 대했다. 명목상으로는 속국이나 실제로는 자치국이었던 것이다. 그러므로 조선이 그야말로 중국의 속국으로 내정에 이르기까지 제도를 받아들인 것은, 고려 시대 원종元宗(1219~1274, 재위 1259~1274) 원년(1259)부터 공민왕 즉위년(1351)까지 모두 1백여 년간이었다.

그러나 사상의 종속관계는 그처럼 짧지 않다. 원래 중국과 교통이 시작되어 중국의 문물을 수입한 이래 조선 고종 갑자년(1864)까지 1천5백 년 이상 시종일관 오로지 중국에 종속되어 있었다. 종교, 철학, 문학 등 모든 범주를 중국으로부터 받아들여 마침내 조선인의 독창적인 것은 없어지게 되었다. 설사 독창적인 창작이 있었다고 하더라도 결국 일반적이게 되는 일은 없었다.

조선인은 일본인과 마찬가지로 중국인의 이른바 동이東夷에 속하여, 고유한 문명의 수준은 매우 낮은 정도였다. 다만 일본보다 일찍 중국 문명에 접해서 적극적으로 수입하여 먼저 삼국시대의 고구려 육로를 통해 북부 중국의 문명을 받아들였고, 이어서 백제가 해로를 통해 동남부 중국의 문명을 수입하였고, 마지막으로 신라는 앞서 두 나라보다 후진국이었으나 삼국통일을 하고 적극적으로 당나라의 문명을 배워 동해에서 개화의 한 경지를 이루었다. 그런데 조선의 지리적 관계나 민족의 사상이 없었던 사정으로 중국 문명 수입 후의 나라 정세는 일본과 전혀 달랐다. 오로지 자기를 버리고 중국을 모방하는 데에 이르러, 사상적으로는 조선의 특색을 잃어버린 채 두 번 다시 되살리지 못하게 되었다.

첫째로 언어에 대해서 살펴보겠다. 조선어에서 한자의 위치가 중요한 정도는 일본어에 비할 바가 아니다. 일본어는 근래 서양의 신사상을 옮기기 위해 종종 한자어를 고안해서 순수한 일본어로는 나타내기 어려운 것을 표현하나, 원래 한자를 빌리지 않고 순수한 일본어만으로 보통의 지식 계급은 사물을 분간하는 데에 곤란을 겪지 않았다.

그런데 조선어에서는 한자어 외에 마땅히 표현할 만한 조선어가 없는 경우가 적지 않은 데에 오히려 크게 놀라게 된다. 조선어에서 한자어를 걷어 내면 대부분의 일상생활의 대화조차 이루어질 수 없는 결과를 본다. 이는 분명히 오랫동안 중국을 모방하여 재래의 조선어를 버리고 사용하지 않은 결과이다. 조선에서는 훈독을 하지 않고 음독만으로 한문을 읽는 것을 독서 방법으로 삼는 것도 역시 이와 같은 원인에서 비롯한다. 그래서 남의 것을 나에게 동화시키는 능력 없이 다만 남에게 몰입하여 결국 제 것을 잃고 마는 지경에 이르렀다.

조선의 문자로서 이두와 언문이 있는데, 이것은 우리 일본에 만요가나(萬葉假名)와 히라가나(平假名), 가타가나(片假名)가 있는 사정과 비슷하다고 볼 수 있다. 물론 일본의 가나는 한자의 약체略體이고 조선의 언문은 범자梵字 계통을 이은 차이는 있으나, 단순한 표음문자로 제 나라의 음을 옮겨 써서 한자와 조화를 이루고 병행하여 사용했다는 점에서는 마찬가지이다.

이두는 신라의 설총薛聰(660경~730경)이 고안한 것으로 전해지는데, 만요가나와 모양은 비슷하나 의미는 서로 다른 것으로서, 한자의 음역音域은 의미를 취하고 조선어의 음으로 나타낸 것으로 조선이 고안한 신문자라고도 할 수 있다. 이와 반대로 언문은 자못 진보한 표음문자로서 복잡한 음을 나타낼 뿐만 아니라 부음父音, 모음母音, 자음子音의 조합을 질서정연하게 하여 복잡하지 않게 장대長大한 음을 하나의 조합으로 나타낸 표음문자이다. 또한 단의어單意語와 비숱한 작용도 한다. 실로 조선의 산물 가운데 매우 우수한 것에 속한다. 문자의 원래 글씨체는 범자의 계통인데 아마 고려 시대 승려 사이에 일찍이 경문經文 독법의 표음용으로 쓰인 것으로 보인다.

조선 시대 세종 28년(1446)에는 훈민정음을 반포하여 이를 일반 백성에게 통용시키게 된다. 그런데 조선에서 언문은 매우 제한적으로 사용되었는데, 사대부들은 전혀 쓰지 않았고, 다만 교육을 받지 못한 부녀자나 하층민들이 읽고 쓰기 위해 이용했다. 그러다가 조선 고종 갑오년(1894)에 이르러 이해에 비로소 관보에 언문을 섞어 쓰게 되었다. 그래서 언문으로 된 문학이 없고 언문의 기원과 법칙을 연구한 학자도 없다. 오로지 대원군이 일찍 언문에 주목하여 언문을 진정한 조선인의 통용문자로 삼고자 했다고 전해진다. 실로 그의 탁월한 식견은 하늘을 밝히는 큰 별과 같다고 할 만하다. 이처럼 자랑스러운 문자도 조선의 문학사, 사상사에서는 중요한 가치가 없으니, 오로지 한문만 읽을 수 있으면 조선의 문학과 철학은 대체로 유감없이 연구할 수 있는 것이다.

둘째로 문학 또한 그러하다. 1천수백 년 동안 단지 한문만을 문장과 시로 여겨 조선 국문체를 만들어 내지 못했다. 일본의 국문에 해당하는 문체가 없고 철두철미하게 한문만으로 문학을 이루었다. 조선 중엽에 이르러 비로소 언문의 소설이 많이 나타나나, 전부田夫·야인野人이나 내방의 부녀자의 읽을거리였을 뿐이다. 다만 그러한 소설조차 발상은 중국 소설을 표절한 것이거나 환골탈태한 데에 불과한 것이 많다. 유명한 작품인 『춘향전』과 같은 것은 『서상기西廂記』를 서투르게 모방한 김춘택金春澤(1670~1717)의 작품으로 전해지고, 구운몽 같은 것도 중국적 사상에 무대 인물 또한 모두 중국에서 취하여, 조선인 사상의 특징이라고 볼 만한 것은 거의 없다.

 셋째로 제도 또한 그러하다. 그 가운데 가장 주목할 만한 것은 과거제도와 관련한 법이다. 과거제도는 고려 시대 광종光宗(925~975, 재위 949~975)이 중국인 쌍기雙冀(?~?)의 건의에 따라 시작하여 조선 시대 고종 갑오년(1894)까지 계속되었다. 그 사이 많은 반대론이 일어났음에도 불구하고 결국 없어지지는 않았다. 과거제도는 이점과 폐해 모두 있지만 학문을 타락하게 하여 다만 명리名利를 위한 과업에 그치고 말아서 자유로운 연구를 일으키지 못하게 하고, 산업의 지위를 떨어뜨려, 부의 발달을 가로막는 것이 되고 말았다.

 넷째로 종교에 대해서 살펴보겠다. 불교가 삼국에 전하기 이전에는 조상숭배, 천지산천 제향祭享의 종교적 전례가 있었으나, 아직 진정한 의미의 종교는 성립하지 못했다. 그러한 종교는 불교가 전래한 이후 비로소 성립했다. 불교는 신라, 고려 두 시대에 걸쳐 전성기를 맞았지만, 조선 시대에 이르러 억압과 박해를 받았고, 유교가 불교를 대신해서 이른바 도덕적 종교로서 4백 년간 인심을 지배했다.

정조正祖(1752~1800, 재위 1776~1800) 무렵부터는 그리스도교가 전파됨에 따라 박해를 견디면서도 점차 신자 수를 늘렸고, 순조純祖(1790~1834, 재위 1800~1834) 무렵부터는 최제우崔濟愚(1824~1864)가 일으킨 동학교가 생겨나 어리석은 백성 사이에서 마치 불길이 가을 들판을 태우는 기세로 대단히 널리 퍼졌다. 이후 고종 때 크게 박해를 받아 한때 사그라졌으나 통감부 설치 이후 다시 일어나 오늘날에는 천도교天道敎, 시천교侍天敎 두 종교로 갈라져 신도 수가 수백만을 헤아린다. 이상 조선의 4대 종교, 즉 불교, 유교, 그리스도교, 동학교에 대해 살펴보았다.

불교의 전성기는 약 7, 8백 년이나 오랫동안 계속되었는데, 중국에서 개교開敎하고 발달한 종파를 그대로 수입한 데 그쳐 조선 불교를 건립하지는 못했다. 조선 불교사는 중국 불교사의 소규모에 불과하다.

유교는 4백여 년 동안 국교로서 오늘날에도 고등 계급의 신앙을 지배하나, 이 또한 철학적 방면은 송나라 유학자의 성리학을 근본으로 연구할 뿐이다. 이른바 조선 명현名賢의 모든 학설은 오로지 송유의 구투를 벗어나지 못한 것이다. 조선 유학사는 저급한 주자학사라고 할 것이다.

그리스도교 또한 내가 과문하여 조선 교회가 설립되어

서양 선교사의 설교 이상으로 조선에 토착화한 신교리가 전파되었다는 말은 들어보지 못했다. 아마 그리스도교도 조선에서 특별한 발달을 보기 어려울 것이다.

동학교만이 조선의 독특한 신종교라고 할 만하나, 신앙의 대상인 천주天主는 그리스도교의 유일신을 참조한 것이며, 조선 말기 승려의 교설敎說을 이어받아 유불선儒佛仙의 통일을 표방한다. 즉 그리스도교의 신에게 유불선의 잡스러운 색채의 의상을 입힌 것에 불과하다. 경전으로 삼는 『동경대전東經大全』을 보아도 조선인의 특수한 신앙의 원천에서 비롯한 신종교에 값하는 청신한 사상을 발견하기는 어렵다. 유불선의 통일을 제창하나 불교에서 비롯한 것이 가장 많고, 종교적 실질의 면에서는 매우 진부하므로 종교의 측면에서 조선인의 종속성의 특별한 예외라고 보기는 어렵다.

조선의 서화書畵 또한 마찬가지이다. 조선의 서예는 일본에 비해 한취漢趣가 풍부하여 형태와 획이 정연하고 서법에 맞다. 그러나 단지 중국풍에 충실한 모방에 불과하다. 중국의 풍격과 서법에서 벗어나 특별한 경지에 이르고자 한 시도는 나타나지 않았다. 이 점에서 나는 도리어 일본의 서법, 특히 일본의 가나는 중국의 서풍書風에 비해서도 뛰어난 한 풍격을 이루었다고 본다. 그림의 경우도 마찬가지이다. 일본은 중국에게 배운 다음 일본화를 크게 이루었으나,

조선은 중국화를 그대로 받아들여 중국화의 수준에서 그치고 말았고, 또한 조선 시대에 이르러서는 화풍이 타락하여 볼 만한 것도 없다.

조선인의 사상의 종속성이 두드러지게 된 것은, 첫째로 지리적 원인에서 비롯하는데 경계를 마주한 대국의 사상 이외에는 아무것도 생겨날 수 없었기 때문이다. 둘째로 정치적 관계에서 중국의 속국이었으므로 사상의 이상도 그러한 관계를 초월할 수 없었기 때문이다. 셋째로 대륙의 연속인 조선의 자연 광경이 중국과 닮은 바가 많아, 섬나라인 일본이 독특한 기후풍토를 향유하여 빼어난 산수山水와 화목花木이 자라나는 것과는 크게 다르기 때문이다. 넷째로 일본이 독특한 국체國體를 지니고 있어서, 민족 사상에 불변의 중심점이 있고, 오랫동안 외래 사상에 예속되지 않았으며, 외래 사상을 반드시 일본화한 다음 그 존재를 인정했던 데에 비해, 조선은 국체도 중국과 마찬가지로 민족의 중심 사상이 없이 마치 물이 그것을 담는 그릇에 따라 형태를 바꾸는 것처럼, 남의 것을 제 것으로 바꾸지 못하고 도리어 제 것을 남의 것으로 바꾸고 말았기 때문이다.

조선인은 독창성이 부족하고 연구심이 풍부하지 않아 고착성으로 인한 선입관이 주된 위치를 차지하여, 중국으로부터 배운 지식을 최선의 것으로 믿고 모든 현상을 그러한 전제에 따라 판단하고자 애썼으므로, 특별히 새로운 원리를 창안해 내고자 하는 욕구가 없다. 이와 같이 조선인은 일반적으로 최근까지 중국 사상의 굴레를 벗어나고자 하는 노력을 하지 않은 채 지내왔다.

3. 형식주의

조선인이 형식주의에 사로잡혀 있는 것은 도덕과 윤리의 형식을 중요시하여 자주 실질實質을 분명히 밝히기 위해 사리를 따지고 논의하는 일을 잃고 말았기 때문이다. 도덕의 형식주의는 유교의 특색으로서 4백여 년 동안 지속된 유교사상으로 교육을 받아 유교사상으로 사회를 통제해 온 조선인이 형식주의에 침윤된 것은 당연하다고도 하겠다.

공자는 '예禮'를 두고 외형은 물론 본성까지도 실질적이게 하는 것이라고 가르쳤으나, 말류에 이르러서는 '예'의 외형만이 곧 '예'라고 여김으로써 예의를 도덕의 제일원리로 삼게 되어, 중국의 도덕을 형식주의에 빠지게 했다. 유교의 진수는 중국에서 실현되지 않고 도리어 일본에 전래되어 비로소 실현된 것도 기이한 현상이라 하겠다.

조선은 유교의 이점과 폐해 모두 중국 것을 그대로 받아들였으므로, 도덕 또한 예의의 외형을 요체로 하여 인심人心의 심오한 데에 도의의 뿌리가 있다는 사실을 잊고 말았다. 공자가 초하루를 고하는 의식의 희생양에 애착을 두었던 것은, 그러한 의식의 형식이 남아 있음을 가상하게 여기는 한편 옛 풍속이 사라지지 않게 하고 두터운 인심을 보존하고자 하는 마음에서였다. 조선인은 그러한 의식의 희생양을 두고도 형식과 제물 그 자체에만 도덕적으로 큰 가치가 있다고 여긴다. 따라서 그들은 오로지 형식을 좇는 데에만 고심하므로 순수한 도의심의 자연적 표현이 가로막혀 있다는 것을 알지 못한다.

  조선 시대에는 각 군에 향교를 두어 문묘의 제례와 학교의 기능을 함께했는데, 우리 일본의 풍속에서 예를 찾자면 신사, 사원, 학교 이 세 가지를 합친 것과 같은 것으로서, 지방의 신앙, 정서, 지식을 포함하는 민생 교화의 원천이다. 우리 일본인의 사고로 이러한 시설을 보자면, 마땅히 여러 집채를 크고 넓게 짓고, 가구와 기물들을 정갈히 하고, 주변을 엄숙하게 하여 들어가는 사람으로 하여금 스스로 경건한 마음을 갖게 할 것이다.

  그런데 조선의 사정은 그렇지 않다. 대성전大成殿과 명륜당明倫堂 두 동의 건물과 제기를 보관하는 동서의 창고는 마치 거푸집과 같이 지어져 있으며, 건물은 기울어 있고 단청은 벗겨진 채이고, 제기祭器는 모양만 갖추었을 뿐 제대로 만들지 않은 것이 대부분이니 볼 만한 것이라고는 없다. 대문은 반이나 무너져 있고 기숙사의 주방은 불결하기 그지 없으며, 너절한 빨래나 흰 베는 거리낄 것 없이 대성전 주변에 널려진 채이다. 만약 이곳이 공터였다면 동네의 백성들이 함부로 들어와 호구糊口의 밑천으로 삼거나, 주위의 소나무 숲도 도벌을 면하기 어려울 것이다.

봄과 가을 두 번의 석전대제釋奠大祭도 한 점의 엄숙함과 공경의 기상氣象 없이, 오로지 고대의 도복道服을 입은 유생의 무리가 모여 주린 배를 채우는 기회로 삼을 뿐이다. 그러나 향교는 유교의 국가인 조선에서는 중요한 표상이고 신성한 가람伽藍이다. 향교를 철폐하면 인심에 나쁜 감정만을 미칠 뿐이다. 석전대제는 민족의 큰 제례이므로 이를 가로막으면 사회 각 계급을 막론하고 고통과 불쾌감만을 불러일으킬 것이다. 설사 향교가 황폐하여 석전대제가 형식만 남게 되더라도 그 이름과 형식을 인정하는 것 자체만으로도 조선인에게는 중대한 의의를 지닌다. 그들은 이러한 향교를 유지하고 석전대제를 거행함으로써 온전한 유교국이 된다고 생각하는 것이다.

이와 마찬가지의 현상을 옛 관직에서 볼 수 있다. 선조 때 동인東人, 서인西人과 같은 정파가 일어나자 차례차례 남인南人, 노론老論, 소론少論, 소북小北이라는 사색으로 갈라졌다. 이

후 조선 시대 말기에 이르기까지 조선만큼 정관계의 엽관獵
官 운동이 드셌던 나라는 없을 것이다. 관직을 얻기 위해서라
면 서로 배척하고 헐뜯고 모함하는 등, 온갖 수단을 다 쓰며
생사를 걸기를 주저하지 않았다. 한번 관직을 얻으면 위로는
대신과 재상으로부터 아래로는 군수에 이르기까지 관리의
반열에 드는 사람이면 결코 맡은 사무만 보지는 않았다.

조선인은 사무와 관직은 전혀 별개의 것으로 본다. 관리
들은 관청의 사무를 아전衙前이나 서리胥吏에게 떠맡기고 돌
아보지도 않는다. 그 대신 밤낮으로 고심하는 일이란 정쟁
에 쓸데없는 말이나 늘어놓아 윗사람을 움직여 더 높은 품
계로 승진하는 일뿐이다. 즉 조선인 생활의 이상은 관리가
되는 것이고, 또 관리란 품계와 녹봉만을 의미하는 것일
뿐, 사무와는 전혀 관계가 없는 것이다.

통감부 이전 일본의 고문정치가 훌륭히 이루어진 이유도
바로 여기에 있다. 조선의 대신들과 차관들은 원래 관청의
사무란 아전과 서리들에게 맡기는 것이었다. 일본의 고문이
와서 사무의 실권을 쥐어도 안타까울 것도 아쉬울 것도 없
었다. 사무는 고문과 아전, 서리가 협의하여 집행하면 될 일
이고, 자신은 나중에 도장이나 찍어 결재만 해 주면 된다고
여겨, 모든 관청 사무의 실권을 고문에게 주어도 아무렇지
않았다. 관리의 직인은 관리에게 가장 중요한 물건이어서,
대신, 관찰사, 군수는 어디에 가더라도 항상 가지고 다녔다.

그들 관리의 사무란 직인을 찍는 일뿐이었다.

결국 조선인이 사무 능력을 갖추는 일도 드물게 되어서, 특히 양반 계급의 정관리正官吏의 경우 그러한 능력을 갖춘 사람이 전무하게 되었다. 더 나아가 관직과 품계가 넘쳐나게 되자 매관매직도 하게 되어, 한양 주민의 절반이 정 몇 품의 무슨 관이라는 엉터리 직함을 지녔다. 또 한편으로는 사무에 따라서 생기는 도덕과 능력, 즉 근면, 민활敏活, 조직적 두뇌 등은 조선 관계에서는 사라지고 말아, 각 부서마다 텅텅 비어 출근하는 자들이란 담을 넘어 들어와 함부로 뛰어노는 부근의 맹랑한 아이들이었다. 이것이 바로 조선 행정의 형식주의이다.

사회의 도덕이 쇠하면 형식주의가 만연하여 형식에 따라 도덕의 외형을 유지한다. 그래서 형식주의는 세태가 쇠하게 되어도 비교적 그 위세를 떨치는 것은 당연하다. 부유한 옛 가문이 몰락하여 실력이 이미 옛 모습을 잃어도 격식은 갖추고 예의범절만은 여전히 옛 모습을 지키는 것과 같다. 조선인의 도덕상 형식주의는 최근에 이르기까지 변하지 않았다. 조상에 대한 제사나 부모에 대한 장례, 생신 잔치, 관혼의 예식으로부터 비롯하여 의관衣冠과 속대束帶의 옷차림에 이르기까지 여전히 구태舊態를 유지하고 있고, 또한 그들도 애써 보존하여 도덕의 제일의第一義를 실천하고 있다.

형식주의를 고집하더라도 경제적 사정의 제약을 넘으면

서까지 형식을 지킬 수는 없다. 최근에 이르러 조선인의 형식주의도 일부 쇠퇴하고 있다. 예컨대 기존의 관습에 따르면 아무리 곤궁하더라도 고대광실이 아닌, 행랑채에 여러 가구가 사는 살림이란 한 세대의 살림으로 도저히 받아들이지 못했으나, 오늘날에는 지위가 상당한 집안의 사람이라도 쉽게 행랑채 살림을 감내하기에 이르렀다. 그 밖에 5, 6년 전까지는 때에 찌든 외출복은 극빈자라면 이상할 것도 없었으나, 오늘날에는 도리어 눈처럼 흰 옷을 입은 사람이 시선을 끌게 되었다.

도덕의 형식주의와 마찬가지로 이성의 형식주의를 중히 여기는 현상도 있다. 즉 도덕의 실질은 제쳐두고 오로지 형식만을 고려하는 것과 마찬가지로, 이성과 관계된 범위에서 이성의 내용이라고 할 만한 새로운 원리의 연구나 발명에는 뜻을 두지 않고 힘도 쓰지 않는다. 다만 기존에 믿어 온 원리를 전제로 하여 형식논리의 법칙만 따라 변증辨證하여 결론을 얻어 이를 진리라고 믿고 만족한다. 그래서 조선인의 논의는 정치론이든 도덕론이든 전제는 옛 성현들이 가르친 원리에 국한하고, 이를 적용하여 정교하게 삼단논법을 구성한 데에 불과하다.

이러한 경향은 학자든 학자가 아니든, 교육을 받은 자든 교육을 받지 못한 자든 상관없이 공통적으로 두드러진다. 그리하여 휴직원, 사직원 한 통을 쓰는 데에도 그들이 바라는 바를 쓰라고 하면, 반드시 고인의 어떤 원리를 빌려 와서 전제로 삼은 다음에야 자기의 경우를 덧붙여 휴직, 사직을 바라마지 않는다고 밝힌다. 이러한 방법이 아니면 원서願書 한 편에 대해서 미처 생각을 다하지 못하고, 형식을 갖추지 못한 것이 되고 만다. 따라서 조선인은 형식논리에서는 쉽게 복종하는 좋은 자질이 있다고 하겠다. 논의의 내용이 아무리 자신에게 불리하더라도 상대의 논리가 정연하여 형식논리에 부합할 때에는 과감히 맞서려고 하지 않는다.

모든 도리를 일단 형식논리에 비추어 시험하지 않으면 받아들이지 않는 특성 또한 이러한 형식주의에서 비롯한 것이다. 조선의 사상가는 형식논리를 초월한 절대 그 자체를 체득하는 근성이 부족하다. 원래 철학이나 종교에서 형식논리로 이해해야 하는 경우란 매우 저급한 수준에 속한다. 백척간두百尺竿頭에서 한 걸음 더 나아가 원리의 절대적 경지에 들어가, 이것이 무엇인가 궁리하는 때에는 이미 형식논리의 원리를 벗어나는 것이다. 즉 직관을 따르는 것이다. 철학에서 깨달음이란 형식논리의 추론을 철저하게 하여 궁극적인 경지를 자각한 후 비로소 확연하게 나타나는 최고 정신작용을 통해 형식논리의 질곡으로부터 벗어날 수 있는 다른 차원의 원리이다.

조선의 선종은 제법 훌륭히 조선인의 이성이 지닌 이러한 경향을 나타내는 사례이다. 조선의 선은 일본이나 중국의 선과 풍격을 달리하는데 순수한 불립문자가 아닌 것을 정통으로 한다. 신라와 고려 초기 선사禪師들의 선풍에서 오늘날 이러한 사정을 살피는 자료는 없지만, 조선 시대 전성기의 훌륭한 선사였던 벽송碧松(1464~1534), 부용(芙蓉 1485~1571), 청허清虛(1520~1604)와 같은 선사의 사적을 통해 연구해 보면, 선종과 교종을 모두 배우고 나서, 선가禪家의 화두로 원리를 찾아 해결하려고 애쓴 것을 알 수 있다. 1천 7백 칙則의 화두는, 일본 선종이 철두철미한 언어도단의 경지를 추구하는 기풍을 유지하는 것과 달리, 화엄의 법계관法界觀에 비추어 분석하고 변증하고자 한 결과이다.

그러나 조선의 선사들은 화두를 참구한다는 점에서 충분하지 못하다. 게다가 뛰어난 경지의 고수를 떨치고 분석을 떠나 변증을 초월하여 화두의 깊은 뜻을 그대로 직관하여 마음과 공안을 떠나 말하고자 하는 바를 잊어버리는 경지에 이르지 못한다. 오늘날 일본의 선사가 조선에 선이 없음을 개탄하는 것도 바로 이와 같은 이유에서이다.

정토염종淨土念宗 또한 마찬가지이다. 고려와 조선 시대에 이르기까지 염불종이 성했으나, 정토염종의 학승 가운데 진정으로 염불의 요체를 깨달은 사람은 없다고 들었다. 선종과 교종 모두 염불 판단을 맹종하여 아미타불阿彌陀佛을 자심즉시自心卽是로 이해하고 염불로써 고요한 경지에 이르는 방편으로 삼았으니 좌선 관법과 다를 바가 없다. 이것이

염불종의 참뜻이 아니라는 것은 굳이 논할 필요도 없다.

정토염종은 이와 같은 이론적 종지를 근간으로 이루어진 것이 아니라, 한 가지로 전념하여 아미타불을 생각하여 아미타불의 본원本願에 몸과 마음을 맡김으로써 매우 간단하게 구제되는 데에 교의敎義를 세운 것이다. 결코 화엄종이나 선종이 비판하는 바와 같이 스스로의 마음으로 아미타불에게 안심安心을 구하는 것이 아니다. 그러나 조선인은 이러한 논리를 떠나 오로지 논리를 초월한 신심이 결여되어, 아미타불이란 도대체 있는가, 어디에 있는가, 마음 밖에 있는가, 마음 안에 있는가 따위를 궁리하여 마음 밖에 있지 않고 마음 안에 있으며, 마음 안에 있으므로 염불은 좌선의 다른 형식이라고 결론을 내려 염불종의 활기를 잃어버리기에 이르렀다.

4. 당파심黨派心

어느 나라를 불문하고 많은 사람이 모여 사회를 구성하면 자연스럽게 유유상종으로 당파를 만들게 마련이다.

특히 정치사회는 개인의 의견보다도 당파의 의견을 원동력으로 삼는다. 그래도 조선인과 같이 구태의연한 당파심을 끌어안고 자신의 사상과 주장을 펴지는 않는다. 가문, 계급, 신앙, 이익을 근간으로 손쉽게 튼튼한 당파를 만드는 사람들을 조선인 이외에는 나는 아직 본 적이 없다.

조선 시대 선조 대 이래의 정치사는 곧 당쟁사로서, 오늘날까지도 양반 계급의 인사들은 분명히 모든 집안이 당적을 지니고 이로써 저마다 호오好惡와 추사趨舍를 결정하는 유일한 척도로 삼는다. 아무리 수양을 쌓은 선비라 하더라도, 고요하게 세상일에 개의치 않는 문인이라도 일단 기회를 얻어 자신의 생각과 감정을 드러낼 때에는 소론은 노론을 혐오하고, 남인은 노론을 가장 시기하고 소론을 원망하며, 소북은 노론과 소론, 남인 모두를 미워하고, 노론은 다른 당파를 비웃으며 열패자라고 한다. 양반 계급이 이와 같이 당파심이 격렬한 까닭으로, 이에 따라서 신분을 구분하는 계급에도 또한 당파가 생겨나서 상민 이하 천민에 이르기까지 모두 당파심이 심하다.

조선에서 당파가 생겨난 원인을 생각해 보면 다음과 같다. 선조 대까지 태평시대가 계속되어 문운文運이 창성하자, 인재가 배출되고 사회 조직이 완성되어 변칙적인 진로는 점차 가로막히게 되었다. 그러자 다수의 인재가 부귀를 노리게 되어, 같은 경로를 거쳐 경쟁하는 것밖에 달리 할 일이 없게 되었다. 그리고 작은 반도국인 조선의 관료사회는 규모가 매우 작아서 한꺼번에 관리가 될 수 있는 사람의 숫자가 결코 많지 않다. 반계磻溪 유형원柳馨遠(1622~1673)은 조선의 관리를 9백 명 정도로 추산했다. 게다가 선정대禪正臺인 사헌부司憲府, 사간원司諫院 그리고 삼관三官은 밤낮으로 탄핵 상소를 쓰는 것이 일인데, 이들로 인해 조선 관계에서 오랫동안 요직을 차지하는 일은 대단히 어려웠다.

조선의 선비들은 전반적으로 관도官途에서는 약자였다. 약자가 스스로 강해지기 위해서는 서로 모여 단체를 만들고 무리를 이루어 세력을 키워 강자가 되는 것밖에는 다른 길이 없다. 그래서 그 무렵부터 너나없이 모두 마음 깊은 곳에서는 이해가 서로 통하는 사람을 얻어 당파를 만들고자 했던 것이다. 결국 김효원金孝元(1542~1590), 심의겸沈義謙(1535~1587) 두 사람의 사당私黨으로부터 비롯하여 결국 동인東人과 서인西人이 맞서게 되었다. 그렇다면 오늘날 법치국가에서 개인의 이해 보호를 위해 사회를 형성하는 것과 마찬가지로, 조선과 같은 전제국가에서 관리의 지위가 안정되지 않은 나라에서는 상류 계급 사이에 약자의 이해를 보호할 필요에서 당파가 생겨난 것은 당연한 이치라고 하겠다.

결국 양반 계급에서 당파가 생겨날 필요가 있었다면, 그 이하 중인 계급의 서리 계급에서도 당파심이 크게 일어나 저마다 각 당파에 몸을 맡겨 계급의 이해를 보호하려고 하게 된 것도 이상할 것이 없다. 중인은 안정된 단체를 만들어 양반과 서로 통하지 않고 엄중하게 직무에서도 경계를 그어 공동의 이익 보장을 도모했다. 서리胥吏 또한 그러했다. 지방의 군과 읍의 서리, 그러니까 아전衙前들은 각각의 읍과 리에서 당파를 만들어 조상으로부터 전해 내려온 당내 규약으로 비밀을 엄격히 지키고 이익을 공동으로 보호하는 역할을 맡았다. 즉 중인과 서리는 양반 계급에 대해 사회적으로 약자였고, 언제나 똑같은 각자의 역할과 활동만 해야 영원히 신분 직업의 안전을 지킬 수 있었다. 그렇게 무리의 힘을 모아 단결하고 양반에 맞서 계급의 이익을 확보해야 했다.

평민 또한 마찬가지이다. 관리, 양반, 유생, 서리의 네 계급 아래에서 상류 계급의 억압을 감내해야 하는 약자의 위치에 있는 그들은, 지식 정도가 낮고 생활이 군색하여 단결하기 대단히 어려웠다. 그래도 일단 어떤 기회가 있어 단결할 수 있게 되면 서로 도와 단체의 힘에 의지하여 약자의 이익을 지키고자 했다.

나는 조선 말기 외래 종교가 성행하여 신흥 종교의 전교傳敎가 맹렬하게 일어난 원인 가운데 하나가 바로 여기에 있다고 본다. 그리스도교를 비롯하여 이 땅에 전래된 외래 종교는 교리로 보자면 상류 사회에 널리 퍼질 수 없는 것이었다. 그리스도교가 유일신 이외 다른 귀신을 섬겨 제사를 지내는 일을 금하고 천국과 지옥의 교리로 신앙을 일으키는 일은, 유교의 교의와 갈등을 빚을 수밖에 없다. 유교는 신을 인정하지 않으므로 예배와 제사는 선조와 성현에게만 올린다. 유학자들은 천국과 지옥의 이야기가 불교신자의 교리와 마찬가지로 황당하다는 이유로 배척했다. 그래서 그리스도교는 유교의 교의가 높고 어려워 이해할 수 없는 하층 사회를 통해서만 조선에 전래될 수 있었다.

동학東學의 교리 역시 유교를 숭상하는 사람들에게는 받아들여지지 않았다. 동학이 받들어 모시는 천주天主는 그리스도교의 신과 신격에 부합했으므로, 유교, 동학, 그리스도교 이 세 종교의 합일을 주장하면 이단異端이고 사도邪道였던 것이다. 그래서 동학의 개조開祖인 최제우는, 동학에 귀의하지 않을 세 부류의 사람이, 학문과 문장을 업으로 삼는 사람, 신분이 높은 사람, 재산이 부유한 사람이라고 예언했던 것이다. 동학 역시 그리스도교와 마찬가지로 평민 사이에서만 성행했다. 그래서 그리스도교와 동학이 모두 일단 조선에서 전교를 하자 순식간에 많은 사람들이 귀의하여 조선 조정의 큰 문제가 되었다. 이를 단지 조선의 하층민이 종교에 목말라 했기 때문이라고 본다면 속단이다.

본래 조선인은 신앙에 따라 움직이기보다는 이해에 따라 움직이는 무리이다. 그들이 그리스도교 신자가 되거나 동학 신자가 되는 것은, 평민을 위해 단결하고 당파를 만들 수 있는 절호의 기회를 얻었기 때문이다. 그래서 단체의 세력에 의지하여 자신의 이익을 지키고자 하는 욕구로 많은 평민들이 몸을 맡겼다. 바로 그러한 이유로 1833년 3월 조선의 왕이 동학의 진압을 명하며 전라도 감사 김문현金文鉉(1858~?), 경상도 감사 이용직李容稙(1852~1932)에게 내린 교지敎旨 가운데에도, 관리, 양반, 서리 등이 평민을 학대하는 일이 해마다 점점 늘어나는 것도 동학의 신도가 점점 늘어나는 원인이고, 동학이 아니면 오랑캐 외국 선교사를 따라 4백 년이나 조상을 숭배해 온 옛 풍습을 무시하는 그리스도교를 그토록 쉽게 신봉하는 경우가 많은 원인이라고 했던 것이다.

그리스도교에 입교하는 것이 저마다 이익을 지키기 위해서라고 보는 견해가 타당한 이유는, 최근 서양인의 힘을 빌려서 관리의 가렴주구에 저항해야 한다고 믿고 그리스도교에 입교하는 사람이 많다는 것을 보아도 알 수 있다. 김윤식은 『운양집』 제8권 제16장 「사의私議」 장의 제12의 「강약講約」 절 가운데 그리스도교 선교의 폐해를 논하면서, 프랑스와 종교 조약을 체결하여 그 폐해를 막아야 한다고 하고, 그 종교 조약을 미국인 묵현리墨賢理의 말을 빌려 다음과 같이 주장한다.

프랑스 신부(敎士)가 조선 지방에 전교를 했다. 조선 관원들은 여러 나라 상인들과 마찬가지로 보고 모두 잘 대해 주었다. 조선 백성들이 프랑스 성당에서 신자가 되었는데, 조선 관원들은 이들을 다른 백성들과 다르다고 보지 않았다. 이들 가운데 송사訟事나 범죄가 있는 사람을 조선 관원이 공변되게 법에 따라 구속 조사하면, 프랑스 신부도 도저히 비호해 줄 수 없었는데, 그래서 이러한 조약을 맺었다. 그러니 자신의 당파를 비호하는 가운데 일어나는 폐해는 아마도 없을 것이다.

인용한 대목은 그리스도교 신자인 조선인의 진의眞意를 드러내어, 결국 당파를 비호하는 폐해는 거의 없었다고 말하면서 글자 '당黨'자를 골라냈다. 그리고 그의 견해는 내 견해와 참으로 잘 맞는다. 조선 그리스도교도는 이익을 요구하는 것을 주된 목표로 삼는 자들이다. 그래서 거슬러 올라가자면 선교 초기 교도들도 입교의 동기가 신앙에 있지 않고 단체의 세력을 이용하고자 하는 욕구에 있었다고 추론할 수 있다. 일진회가 한때 대단한 세력을 얻어, 그로부터 대신, 차관, 국장을 내기에 이른 것도 분명히 평민 사이의 당파심을 이용하여 자칭 백만에 이르는 회원을 모아 단체의 큰 세력을 이루었기 때문이다.

통감부가 설립되고 뒤이어 한일합방이 이루어져 두 번 다시 정치적 수단을 통해 조선의 부활과 일본의 배척을 이룰 수 없게 되자, 갑자기 갖가지 신흥 종교가 생겨나는 현상이 나타났다. 이른바 천도교, 시천교, 단군교檀君教, 대종교大倧教, 태극교太極教, 공자교孔子教가 그러한 것들인데, 이들 모두 심원한 교의敎義가 없고 인격이 높은 교주도 없이, 정계에서 실각한 자들이나 자칭 애국자들이 종교를 이용하여 조선인의 단결을 이루어 뭔가 이루고자 하는 단체들이라고 하겠다. 오늘날 천도교의 무식한 신자들 가운데에는 다시 한번 천도교의 시대가 도래하기를 꿈꾸는 자들도 있다.

5. 문약文弱

일본이 건국한 이래 상무尙武의 나라였던 데에 비해, 조선은 상문尙文의 나라였다. '무武'의 폐해란 난폭함이고, '문文'의 폐해란 약함이라고 하겠다. 조선인의 특성 가운데 '문약'을 더하는 것도 바로 그러한 이유에서이다.

'문'을 숭상하고 '무'를 천시하는 것은 유교의 가장 큰 결점으로서, 중국은 이미 그 폐해를 드러낸 바 있다. 중국은 개벽 이래 다른 민족과 싸워 이긴 역사를 가지지 못한 나라이다. 전쟁에서는 항상 다른 민족에게 졌으나, 사회적으로는 다른 민족을 한족에 동화시키는 능력을 지니고 있었다. 조선도 다른 민족에게 이겨 본 적이 없는 역사를 지녔다는 점에서는 중국과 마찬가지이다. 고려시대의 윤관尹瓘(?~1111), 조선 시대의 김종서金宗瑞(1390~1453)가 여진女眞을 정벌하여 다소 공을 세웠으나, 이것은 한때 개인적인 재능에서 비롯한 예외적 사례에 불과하다. 그러한 역사를 통해 외국의 침입을 받은 일이 한두 번이 아니었으나 스스로 다른 나라를 침입해 본 적은 없다. 지더라도 무력은 쓰지 않는다는 것이 조선 정치가의 이상으로서 칼이란 그저 흉기에 불과했다.

1천여 년 전 신라가 삼국을 통일했을 때의 공신인 김유신金庾信(595~673)이 무장으로서 재상에 오른 바 있다. 고려 시대 중기 문신의 권력이 전횡을 일삼은 나머지 무신이 이를 참지 못하여, 정중부鄭仲夫(1106~1179)를 옹립하여 난을 일으켜 문신을 척살했고, 그 다음으로는 최충헌崔忠獻(1149~1219) 일가의 무신 집권 시대가 있었다. 조선 태조 이성계李成桂(1335~1408, 재위 1392~1398)가 무신 출신으로서, 왜구를 섬멸한 공으로 문신을 압박하여 결국 왕이 된 일도 있다. 하지만 대체로 문신이 정치를 해 왔고, 문신이 아니면 정치적 요직에 오를 수 없었다.

조선 시대에 이르러 고려의 제도를 본받아 양반이라고

하는 문반과 무반으로 사대부 계층을 이루었으나, 무반의 가문은 문반의 가문에 비해 한 계급 아래에 있었다. 물론 그 가운데에는 무반 출신으로서 대신과 재상의 자리에 오른 자들도 없었던 것은 아니나, 그것은 예외적인 사례라고 하겠다. 도리어 문반으로서 재상에 올라 장수로도 출정했던 사례는 대단히 많다. 그래서 조선 중기 이후 정치가 문란하게 되자 점점 '문'을 귀하게 여기고 '무'를 천하게 여기게 되었고, 문과·무과 두 과거가 있었으나 몇 차례 혹은 수십 차례 문과에 응시했다가 낙제하여 도저히 급제할 가망이 없어 무과에 응시하는 자들이 많아졌다.

설령 무과에 합격하더라도 그 영예가 문과와 같다고 할 수 없었다. 일반 병사의 사회적 지위는 거의 천민, 그러니까 노예와 다를 바 없었고 관리도 이들을 가장 낮은 어법으로 대했다. 그리고 병사들도 부랑자들이 아니면 직업도 없는 궁민窮民으로서 한때 군대에 몸을 둔 자들에 불과했다.

양반 가정의 아동 교육법을 살펴보자면 일절 장난감을 주지 않았고 아이다운 놀이도 허락하지 않았다. 오로지 조숙早熟만을 강요하여 온종일 책상 앞에서 독서와 습자習字를 하는 아이만을 착한 아이라고 가르쳤다. 조선 양반의 아동들은 평생 아동기를 지내지 못했던 것이다. 학교의 교육도 편문주의偏文主義 일색이어서 무예나 운동을 가르치지 않았다. 파리한 얼굴에 수척한 몸을 재인才人과 수재秀才의 전형으로 삼았다. 그래서 문약의 특성은 이미 가정과 학교에서 현저하게 양성되었던 것이다.

세계 각국의 역사를 보건대 통일된 하나의 국가를 이루기 전에는 반드시 봉건제도를 이루었다. 오로지 조선만이 예로부터 봉건제도가 생겨나지 못했다. 고려 중기 이후부터 조선 시대에 이르는 기간 동안 양반의 시전반여柴田頒與, 그러니까 사전제私田制가 있어서 봉건제도의 맹아가 나타나기는 했으나 이 또한 끝내 실현되지는 못했다. 세계 역사상 특이한 사례로 꼽을 만하다. 그 원인은 도대체 어디에 있는가. 이것은 조선 연구에서 중요하면서도 곤란한 문제로서 여러 방면으로 연구한 후 해결해야 할 일임에 틀림없다. 또한 이러한 문제의 원인으로서는 시종일관 속국으로서 국왕 스스로 제후의 하나로 처신해 온 것을 꼽을 수 있겠는데, 그러한 사정은 일단 문약의 특성에만 국한하여 검토해 보더라도 분명히 중요한 원인 가운데 하나라고 할 수 있을 것이다.

대체로 봉건제도가 생겨나기 위해서는 중앙의 집권의 약화와 병권兵權의 분할 두 가지가 필요하다. 그러니까 병마兵馬 통솔의 전권을 맡은 대관大官이 지방에서 권력의 근간을 이룰 때에는 중앙 정부의 제재와 명령도 미치지 못하게 마련이다. 일본의 무가武家, 한나라의 봉왕封王, 당나라의 번진藩鎭, 독일의 제후가 그 예라고 하겠다. 공신에게 토지와 백성을 상으로 주는 것은 봉건제도 성립 이후의 관습이다.

그런데 조선의 역사를 보건대, 신라는 일단 제쳐두고서라도 고려 시대에는 '문'을 숭상하고 '무'를 천시하는 관례에 따라 지방의 대관大官은 모두 문관을 임명하게 마련이었다. 성종成宗(960~997, 재위 981~997) 8년(989)에 둔 직책인 동東·서西·북면北面 병마사兵馬使는 왕으로부터 친히 지휘권을 받아 근기近畿 이외 지역을 다스리는 총독이었다. 그리고 삼품三品의 문관을 병마사로 임명하였다. 그 아래에는 삼품의 지병마사知兵馬使 한 사람과 사품四品의 병마부사兵馬副使 두 사람, 오품五品이나 육품六品의 병마판관兵馬判官 세 사람을 두었다. 의종 시대에 이르러 비로소 무신이 권한을 행사하게 되는데, 서북계西北界 방수장군防戍將軍이 병마판관을 겸직하게 되었고, 신종神宗(1144~1204, 재위 1197~1204) 시대에는 다시 관위官位가 올라 병마부사를 겸직하게 되었다.

이와 같이 고려 시대 관직의 조직도 지방 대관은 문관이 맡았고, 무관직은 문관의 제재를 받도록 되어 있었으므로, 아무리 한때의 권세가 빛나는 명문의 중신이 이 직책에 임명되더라도, 감히 중앙정부에 대해 마치 적국敵國과 같은 형세를 취할 만한 실력을 갖출 수 없었다. 또한 그들은 군사에 대해서는 문외한이었으므로 무관들처럼 필사의 노력을 하지도 않았다. 의종 이후 한때 무신들이 전권을 행사하던 시대가 있었으나, 무신들은 문신의 지위를 대신하여 중앙의 요직을 차지하기에 급급했다. 결국 지방에 세력을 뿌리내려 번진제도를 세워, 중앙과 지방이 상응하여 세력을 오래 지속하는 정책을 내놓지는 못하게 되었던 것으로 보인다. 그래서 중앙의 권력이 쓰러지자마자 모든 무신 세력들이 동시에 전복되고 말았다.

그런 까닭으로 조선의 역사에서 결국 봉건제도가 생겨나지 못하게 된 것은, 관직의 제도가 '문'을 숭상하고 '무'를 천시하여 무관이 지방을 할거할 기회를 얻지 못한 것이 가장 큰 원인이라고 하겠다. 조선의 관료 사회에서는 문무 양반의 구별이 있었고 그러한 구별은 세습되었다. 조선의 문신들은 암암리에 촉한蜀漢의 대 재상이자 원수였던 제갈공명諸葛孔明을 이상으로 삼아, 재상으로서 장군의 지위에도 오르는 것이야말로 대신의 풍모를 갖춘 이라고 여겼다.

선조 시대에 이름난 신하로서 조선 제일의 학자였던 이율곡은 실제로 야인野人들이 북방을 습격하여 변경의 경비가 날로 위급하게 되자, 병조판서의 중책에 임명되어 밤낮으로 군무에 힘썼는데, 그 문하의 사람들에 따르면 장수의 책임도 역시 어렵지 않은 듯이 수행했었던 것으로 보인다. 이 또한 조선인의 무관직에 대한 사고를 나타내는 사례라고 하겠다. 영조英祖(1694~1776, 재위 1724~1776) 대에 이름난 유학자 한원진韓元震(1682~1751)은 다음과 같이 말한 바 있다.

우리나라에는 세 가지 큰 우환이 있다. 첫째는 문관이 무반을 멸시하는 것이고, 둘째는 사대부가 상민을 업신여기는 것이고, 셋째는 세속의 사람들이 승려들을 미워하는 것이다. 이것은 참으로 재앙의 근원이라고 하겠다. 이는 대체로 문반을 귀하게 여기고 무반을 천하게 여기는 데에서 비롯한 것으로서, 그 기원은 매우 오래된 것이라 하겠다.

6. 심미관념審美觀念의 결핍

심미관념의 결핍 또한 조선인의 특성 가운데 하나로 꼽아야 할 것이다. 최근 조선이 일본 제국에 합병되어, 부자나 명문가들 가운데 관직에 의거하여 생계를 꾸려 갔던 이들이 점차 가문의 형세가 곤궁해지자 집안의 보물이나 가산을 파는 비루한 일이 이어지고 있다. 일본인 호사가 가운데에는 어쨌든 4백여 년이나 된 나라라면 예술품이나 골동품같이 값어치가 있는 물건들이 적지 않으리라 기대한다. 하지만 기대했던 바와 다르다. 양에서나 질에서나 볼 만한 것이 없다. 조선 전체를 통틀어도 일본의 가장 큰 한 개 현縣이 소장한 것만도 못하다. 그나마 가장 진귀하고 값비싼 물건들은 중국의 것이다.

나는 조선처럼 예술품을 보존하는 능력이 부족한 나라를 아직 들어 본 적이 없다. 조선인들은 종종 변명처럼, 선조 대 임진왜란(1592~1598) 때 진귀한 물건들이란 대부분 일본 병사들이 약탈해 갔거나, 전란으로 인해 불타고 말았다고 한다. 그렇다면 수없이 전란을 겪었던 중국이야말로 민관의 재산을 탕진하기로는 제일 심할 것이다. 일본도 비록 외적은 없었으나 내전만 하더라도 조선의 몇 백 배나 극심했다. 그러나 중국은 예술품이 없는 듯해도 사실은 잘 보존하고 있다. 일본이 예술품을 보존해 온 역사는 조선에 비하자면 하늘과 땅의 차이라고 하겠다. 그 이유는 도대체 무엇인가.

옛날 삼국 시대나 통일신라 시대를 거쳐, 고려 시대까지는 어느 정도 예술품이 제작되었던 것으로 보인다. 삼국 시대의 예술품 제작은 일본 나라(奈良)에 보존되어 있고, 실로 일본 예술의 연원을 이루었다. 신라의 예술은 금속·석재 불상, 불탑, 범종이 중심으로 일본과 조선에 남아 있다. 고려의 예술은 불상과 도예가 중심으로 조선에 남아 있는 것도 제법 많다. 이 외에도 중국과 조선에서 역사 기록으로 전하며 미관美觀과 장관壯觀을 상상할 만한 직조물, 건축물, 불상, 석탑, 회화 등 손꼽을 만한 것들은 많다. 이러한 예술품을 통해서 보건대, 고대 조선인과 조선 시대의 조선인의 심미관념은 서로 전혀 다르다고 하겠다. 그 이유는 도대체 무엇인가.

그것은 바로 삼국 시대, 통일신라 시대, 고려 시대의 조선인은 불교를 독실하게 믿고, 열렬한 종교적 신념을 지니고 있었기 때문이다. 그리고 조선 시대 조선인은 불교를 빼앗겼기 때문이다. 고대 조선인의 예술은 불교 예술이나 불교 신앙의 직접적인 발로發露로서, 장엄하고 미묘하고 원만한 회화, 조각상이 중심이었다. 또는 불교가 융성한 결과 사찰을 장엄하게 장식하기 위해 여러 가지 건축, 조각, 토목 기술을 필요로 하여, 간접적으로 미술의 흥성을 돕게 되었다. 그래서 경주와 개성은 한때 찬란한 예술품들을 갖추고 있었다. 조선 시대에 이르러서는 하루아침에 예술 장려의 중추가 사라지고 말았다. 예술이 위축과 부진을 면치 못하게 된 것은 두말할 나위도 없다.

두 번째 원인으로서는 유교의 폐해를 들 수 있다. 공자는 문학조차 여가의 업으로 삼지 않았고, 오로지 정치를 포함하는 도덕을 학문 수양의 근본으로 삼아, 그것에 사대부 학문의 진정한 의의가 있다고 보았다. 그러므로 세간의 실용과 아무런 상관 없다고 해야 할 예술을 한다는 것은 있을 수조차 없는 일이었던 것이다. 유교는 이용후생利用厚生의 실학으로서, 마치 꽃이 없는 과실수에 비유할 수 있겠다.

그래서 회화와 같은 것은 세상을 버린 한가한 사람이 혼자서 즐기고자 하는 일이고, 건축과 조각의 아름다움이란 종종 사치가 따르므로 배척되었다. 검소함은 유교의 이상적 생활상이었다.

그러나 중국은 무려 4백여 주州에 이르는 대국이므로, 백성의 부류도 천차만별이어서 다양한 방면에서 천재를 많이 낳았다. 공자의 가르침은 도덕 정치율로서, 그것을 받들더라도 실제로는 큰 토목공사를 벌이는 황제도 있었고, 불교와 도교에 탐닉하는 왕도 있었고, 예술가를 우대하는 귀족도 있었다. 중국의 예술은 육조六朝 이래 매우 빨리 발달했다. 송대 유학에 이르러서 이른바 도학선생道學先生들은 사상이 고담枯淡하고 부화浮華를 꺼려 예술적 관념의 양성과 사상적으로 갈등을 빚게 되었다.

조선 시대에 이르러서 불교를 배척하는 대신에 송나라의 도학으로 사상계의 혁명을 이루었다. 그 결과 고려 시대까지 전한 불교에 근간한 심미관념은 사라지고, 송대 학문이 양성한 고담함으로 실리를 주장하는 사상이 점차 득세하여, 상류층과 중류층 사회 전반에 걸쳐 예술을 인간 생활에 무가치한 것으로 간주하기에 이르렀다.

세 번째 원인은 관료들의 그칠 줄 모르는 탐욕에서 찾을 수 있다. 조선의 관리는 관할 지역 안의 상민常民 보기를, 봉건 영주가 영지 내의 백성을 보듯이 했다. 상민들이 생산하

는 천연물이나 인공물 가운데 마음에 드는 것이 있으면, 곧
장 상납을 명하여 종종 그 생산물을 서울의 권신들에게 보
내는 선물로 삼았다. 그러한 상납이 많은 경우 진헌했으나,
만약 불행하게도 그러한 물품이 서울 대관들의 마음에 들
면, 착취에 착취를 더해 상민의 재산을 탕진해도 그칠 줄
몰랐다. 그래서 유명한 특산물이 있는 지방이나, 우수한 기
술을 지닌 장인은 하나도 남김없이 피폐해져서, 그 생산력
을 쇠락하게 한 원인이 되었다.

이처럼 조선 시대 초기에는 어느 정도 볼만한 제작품들
이 생산되었으나, 중기 이후에는 완전히 쇠퇴하여, 나라 전
체에 걸쳐 조악한 일용품만이 생산되기에 이르렀다. 이와
관련하여 잘 알려진 비참한 사례 하나를 들어 보기로 한다.
경상북도에 청도 도공刀工 저재詛才라는 이가 있었다. 그는
입을 다물 수 없을 정도로 신기한 기술을 지녔다. 특히 철
의 품질을 구분하는 데에는 마치 신과도 같았다. 임진왜란
때 일본군 병사가 그 장인의 제품을 보고 대단히 칭찬했다
고 한다. 그의 형 두리斗里 역시 이름난 장인이었다. 저재가
죽고 나서 그의 아들이 가업을 이었다. 그런데 그는 관아의
가혹한 상납 재촉을 견뎌내지 못했다. 그래서 저재의 아들
은 끝내 자신의 오른손을 잘라서 겨우 파산을 면했다. 예술
품은 국가, 귀족, 부호의 비호를 받아야 비로소 크게 발달
하게 마련이다. 그러한 작가를 간섭하고 학대하는 나라에

서 예술은 결국 쇠멸할 수밖에 없다.

네 번째 원인은 대다수의 백성들이 너무나 가난했던 데에서 찾을 수 있다. 앞서 언급한 바와 같이 왕실과 상류사회는 유교의 실리주의로 인해 심미관념을 결여했고, 관료들은 예술가를 학대하는 것을 당연시했다. 게다가 대다수의 상민들은 태어나서 죽기까지 생활에 쫓겨 잠시도 여유가 없었다. 예술 같은 것은 생활에 직접적인 소용이 없으므로, 가난한 이들에게는 마음을 둘 필요도 기회도 없었다. 따라서 왕실과 양반은 예술을 숭상하지도 않고, 관리들은 예술가를 학대하였고, 나라에 많은 부유한 평민들이 있었더라도 스스로 후원자가 되어 예술품 제작을 하거나 하지는 않았다.

조선 중기 이후 지방 행정이 완전히 퇴폐하여, 건국 초기 전성기에 제정한 조세인 결세結稅와 대동세大同稅 이외에도 헤아릴 수 없을 만큼의 각종 세목이 생겨나자, 백성은 피땀 흘려 일을 해도 일 년 내내 궁핍하게 생활했다. 그리고 관료의 가렴주구의 정도는 재산의 정도에 비례했다. 다만 이를 면하여 편안히 지낼 수 있는 것은 문벌 높은 가문의 대부호로서, 그들은 교묘하게 한양의 세도가와 결탁하여 지방 관리의 침탈을 제어했는데, 이를테면 경주 최씨가 그러했다. 그렇지만 이로 인해 세도가에게 진상해야 할 재화는 과중했다.

김윤식은 『운양집』 제8권 제16장 「사의私議」 제9절 「호부護富」에서 조선에서 부자가 생겨나지 않는 이유를 다음과 같이 말한 바 있다.

    내가 시골의 물정을 살펴보니, 가난한 자는 진실로 스스로 보존하기 어렵고, 부자는 더욱 감당할 수 없다. 큰 부자는 넘쳐나는 재산을 이용하여, 지위가 높고 친한 집을 드나들면서 그 권세에 붙어 스스로 굳게 지키니, 오히려 자신을 지킬 수 있다. 작은 부자는 힘이 부족하여 전전긍긍하고, 물을 마시고 먹이를 쪼아 먹으며 사방을 살피지만, 끝내 면하지 못한다. 가장 두려워할 만한 자는 관리이고, 그 다음은 토호土豪이며, 그 다음은 재산을 약탈하는 도적이다. 시골 백성들은 손발에 굳은살이 박이도록 일을 해도, 겨우 몇 십 섬의 곡식을 거둔다. 갑자기 부와 명성을 얻으면 재물을 노리고 약탈하는 우환이 벌써 사방에서 일어난다. 혹은 불효자라는 누명을 붙이고, 혹은 처자의 사사로운 일로 무고하고, 혹은 친족이 아닌 자의 군포軍逋를 징발하고, 혹은 쓰지 않은 빚을 독촉하기도 하고, 혹은 듣기 좋은 말로 빌려 가고, 혹은 가혹한 형벌로 억지로 빼앗는다. 요컨대 그 재산을 다 없애버릴 따름이다. (……) 이 때문에 시골 백성이 한 관 이상의 돈을 얻으면 함부로 집 안에 떳떳이 두지도 못하고 다만 남들이 알까 두려워한다. 부지런히 사는 이가 함부로 마음껏 생업을 영위하지 못하고, 이익을 보아도 좇을 수 없으며, 주저하고 주변을 보면서 전전긍긍하니 마치 죄 지은 사람인 듯하다. 이와 같은데 백성의 재물이 어찌 늘 수 있겠으며, 백성의 삶이 어찌 편안할 수 있겠는가.

이와 같이 적나라하게 조선 시대 만년의 백성들 생활을 묘사했다. 실로 조선 시대에는 평민은 부자가 될 수 없는 것은 물론이고 일 년 후의 생계조차 세울 수도 없었다. 다만 한 가족이 몇 모금의 죽을 마시고 된장을 먹으면서, 겨우 굶어죽지 않고 얼어 죽지 않을 정도의 생활을 할 수 있을 뿐이었다.

김윤식의 이 글은 조선인에게 심미관념이 생겨나기를 바랄 수 없는 이유를 잘 설명하는 한편으로 근검저축의 정신이 일어날 수 없는 이유도 서술하고 있다. 며칠 곡기를 끊은 사람은 죽밖에 먹지 못한다. 지난날의 피폐한 정치로 신음하던 조선인은 일 년 내내 죽밖에 먹을 수 없는 백성들이었다. 죽을 먹는데 근검저축은 쓸데없는 일이다. 실로 조선의 시골 광경은 일본의 촌락에 비해 삭막하고 황량하여 결코 아름답다고 할 수 없다. 그리고 그것은 마치 일본 촌락의 부유함과 조선 시골의 부유함 사이의 차이를 나타내는 듯하기도 하다.

조선의 산림정책이 황폐하여 산과 들의 나무가 잘려나가, 풀 한 포기 나무 한 그루의 뿌리까지 남지 않은 것은 물론 추위를 막는 데에 급급했기 때문이다. 하지만 다른 한편으로는 조선인의 심미관념이 전혀 없었기 때문이기도 하다. 조선 평민의 생활에 여유란 없어서, 마침내 산의 나무는 울창하고 계곡은 잔잔하게 흘러, 온갖 꽃들이 만발하는 숲의 아름다운 경치를 감상하는 유치한 수준의 심미관념조차 생겨날 수 없었다. 나무 한 그루 풀 한 포기를 보더라도 우선 베고 꺾어 오늘밤 땔감으로 삼아야겠다는 생각만 하기에 이르렀던 것이다. 참으로 불쌍하게 여길 수밖에 없다.

7. 공사公私의 혼동

조선의 정책 시행을 고찰해 보면, 모든 제도와 법령도 당초에는 모두 그 나름대로의 취지와 필요가 있었다. 또는 새롭게 백성의 복리를 늘리거나 종래의 폐단을 고쳐 국정을 이롭게 하는 의의가 있었다. 그런데 어떠한 정책과 제도도 그것을 실시하게 되면 머지않아 갑자기 폐해가 일어나 당초의 취지를 몰각하고, 모든 방면에서 새로이 민폐를 더하는 결과를 낳게 된다. 이처럼 조선조는 이미 퇴폐하여 오로지 폐단만 더하게 되었고, 게다가 새로운 정책 역시 실패하여 민폐를 낳으니, 옥상가옥屋上架屋의 형국으로 조선시대 만년의 참상을 드러내기에 이르렀다.

그래서 조선의 정치가와 민중들이 바라는 바는, 건국 초기의 정책 시행, 그러니까 제도가 간소하여 아직 퇴폐하지 않았던 당시로 돌아가는 것이다. 그러나 고착성이 현저한 특성과 아울러 이와 같이 퇴폐하여 민폐를 불러일으키는 정책과 제도를 확실히 혁파하기란 어려운 일이었고, 모든 백성의 병고 또한 그와 같이 끝내 고치기 어려웠다. 어리석은 백성들은 예나 지금이나 폭군과 다를 바 없는 군수, 관찰사를 위해 청덕불망지비清德不忘之碑나 관례적으로 세울 뿐이었다.

이와 같이 모든 제도와 정책이 오래지 않아 퇴폐하고 당초의 취지를 완전히 잃어버려서, 결국 폐해만 남게 된 원인은 무엇인가. 이것을 정치학적으로 검토해 보자면 국가의 통치 형태가 바르지 않다거나, 정치 조직이 불완전하다는 등 다양한 설명이 있을 수 있겠다. 그러나 나는 주로 조선인이 오랫동안 공과 사를 혼동하는 특성에서 찾고자 한다. 조선의 정치 부패는 그 핵심에 반드시 사적인 이익을 도모하는 요소를 포함하고 있다. 모든 정책이 국가의 이익과 백성의 복지를 위해 입안되고, 사적인 이익을 돌보지 않는 관리들이 담당한다면, 적어도 그러한 한에서는 공적인 이익을 낳을 것이다. 하지만 조선의 관리들은 관직에 있으면서 공적인 마음가짐이 없이 오로지 이를 기회로 삼아 제 한 몸과 제 집안의 사적인 이익을 얻고자 했다. 그래서 국가는 아무리 국고의 수입을 늘려도 대부분은 중간 관리의 뱃속을 채우고, 백성을 착취할 새로운 항목만이 더해질 뿐이다.

지금 조선 시대 건국 초기 이래의 실례를 일일이 거론하기도 번거로우므로, 두세 가지 사례만 들어서 일반적인 사정을 상상해 보기로 한다. 그 가운데 하나는 바로 대동법이다. 조선 시대 건국 초기의 세율은 지극히 낮아서 밭 한 결結에 여섯 말을 표준으로 하여, 옛 제도대로 십분의 일(什一) 비율보다도 다소 적었다. 그런데 그 밖에 왕실에 공물을 진상하기 위한 토지의 산물이 있었고 해마다 정해진 액수를 바쳐야 했다. 시대가 점차 바뀌는 데에 따라 가렴주구도 점차 생겨나, 건국 초기에 정한 토산품을 진상하는 일도 점차 어려워졌다. 그러자 다른 지역에서 사서 겨우 진상 액수를 채우기에 이르렀고 백성들의 피해는 막대했다. 명종明宗(1534~1567, 재위 1545~1567)과 선조宣祖(1552~1608, 재위 1567~1608) 대에 이르러서 그 피해는 더욱 심해졌다.

율곡 이이가 황해도 감사로 재직했던 시절 시범적으로 토산품 진상을 대신하여 대동법을 제정했다. 대동법이란 한 지역 내의 전답에서 일률적으로 어느 정도의 쌀을 내어 한양으로 보내 토산품을 대신하는 법을 일컫는다. 이후 효종孝宗(1619~1659, 재위 1649~1659) 대 잠곡潛谷 김육金堉(1580~1658)이 이이의 시범에 따라 새롭게 법규를 정비하여 결국 삼남三南 지방에서 시행하여 점차 전국적으로 시행하게 되었다. 대동법의 시행으로 논 한 결에 열두 말을 징수하게 되었다.

한양에서는 궁내부宮內府에 선혜청宣惠廳을 두고, 대동미大同米의 출납을 관장하는 공물전貢物廛을 세워 부민富民을 주인으로 삼았고, 왕실은 공물전에 공물의 진상을 명했다. 공물전은 왕실의 명에 따라 물품을 갖추어 상납하고 그 대가로 쌀을 선혜청에서 받았다. 게다가 공물전은 일반적인 상업도 부업으로 하였으므로 가장 이윤이 많은 장사를 했다.

그런데 대동법의 시행은 오래지 않아 여러 가지 폐단을 낳았다. 그것은 첫째 세금 징수 관리의 착취 항목을 하나 더 첨가한 것이다. 그들은 쌀을 한양에 운송할 때 세곡선稅穀船을 침몰시키기도 했고, 중간업자는 부당이익을 취하기도 했다. 둘째 선혜청 관리가 이익을 취해도 왕실은 개의치 않고 공물전에 진상을 명했고, 선혜청은 공물전으로부터 뇌물을 받지 않으면 쉽사리 대가를 지불하지 않았다. 공물전은 점차 한도 이상으로 외상 거래를 하게 되었고, 고종 대에 이르러서 각 공물전이 많게는 사오만 관貫, 적게는 칠팔천 관의 공물 대금을 받지 못했다. 심지어 공물전의 주인들 삼사십 명이 호조戶曹의 대청 앞에 자리를 깔고 앉아서

판서에게 직소하는 일도 여러 차례 있었다. 이렇게 대동법은 끝내 민폐만 남기고 말았다.

조선 진영鎭營의 설치는 선조 대 임진왜란 때 대비 없이 외적의 침입을 당한 쓰디쓴 경험을 한 후 재상 유성이 상소하여 각 도에 오영五營을 둔 데에서 비롯한다. 처음에는 문관이 수령이 되어 영장營將의 소임까지 겸했으나, 현종顯宗(1641~1674, 재위 1659~1674) 대 재상 홍명하洪命夏(1608~1668)의 건의에 따라 무신이 영장이 되어 관할 지역 내의 도적을 잡았다. 고종 대에 이르러서는 경기도 영장 6명, 충청도 영장 5명, 경상도 영장 6명, 함경도 영장 6명, 평안도 영장 9명, 강화도 진무鎭撫 영장 5명을 두었다.

그런데 인조仁祖(1595~1649, 재위 1623~1649) 대 병자호란(1636~1637) 이후 2백여 년 동안 전란이 없었다. 진영의 장수들은 무관들이므로 봉급도 적었고, 그래서 체면을 유지하기도 어려울 지경이었다. 게다가 임기도 겨우 1년에 불과해서 임기가 끝나면 교체되도록 되어 있었다. 이 때문에 난을 진압하고 도적을 잡아야 할 영장은 도리어 양민을 학대하는 대장이 되어, 도적을 잡아 벌을 줄 권한을 악용하여 부유한 양민을 잡다가 그 재산을 몰수했다. 임기 일 년 동안 힘을 다해 사리사욕을 채우고서는 떠나 버린다. 조선 속담 가운데 "영장이 잘 다스리는지 물으려면, 문 밖의 풀잎이 푸른지 보라(欲問營將治聲, 須看門外草靑)."는 말이 있다.

아마도 영장이 치적을 올리는 일은, 영장이 문을 닫아걸고 집안에서 한가하게 앉아서야 비로소 바랄 수 있다는 말일 것이다.

향교의 재산도 또한 이와 비슷한 부류라고 하겠다. 조선 건국 초기 학전學田을 둔 취지는 공부에 전념하는 유생을 길러 문묘 제사를 받들기 위해서였다. 하지만 세월이 점점 흐르자, 향교는 이름만 남아서 학교의 실질은 사라지고, 학전의 수입은 해마다 봄가을의 석전제釋奠祭 때 군 내의 유생이 먹고 마시는 비용을 충당하게 되었다. 넓은 학전은 평상시에도 유생의 의식을 충당하기 위한 것이었다.

양전量田 역시 그러하다. 조선 시대 태종 원년 양전을 시작하여, 고종 광무光武 2년(1898) 양전지 아문衙門을 개혁하여 지계地契 아문을 두어 업무를 계승했는데, 광무 8년(1904) 업무를 마칠 때까지 20년마다 시행하도록 되어 있었다. 태종 5년(1405) 제1회 양전이 끝났을 때에는 전국의 결수가 1백7만 9천8백45결이었는데, 이후 국운이 점점 성하여 선조 대에는 1백50만 1천5백 결이 되었다. 그런데 여기에서 흥미로운 것은 고종 광무 8년에 이르러서는 99만 2천4백44결, 그러니까 450년 전보다 약 10만 결이 줄었고, 350년 전보다는 약 60만 결이나 줄게 되었다는 사실이다. 이러한 사실은 실제로 있어서는 안 될 일이었다. 분명히 관리, 명문가, 부호의 은결隱結이 대단히 많았고, 양전 관원이 그들의 청탁을 받아들여 전답의 결수를 적게 해 주어 서로 이익을 꾀했을 터이다.

지금까지 거론한 몇 가지 사례들은 실로 조선의 정치제도가 퇴폐한 한 가지 사례에 불과하다. 그런데 그 원인이 어디에 있는가를 찾아보면 역시 공과 사를 혼동하여 공물公物을 사물私物로 왜곡하여 쓰는 데에서 비롯한다고 하겠다.

그렇다면 이러한 특성이 유래한 원인은 또한 어디에 있는가. 공과 사의 혼동은 다시 소극적인 것과 적극적인 것 두 부류로 나눌 수 있다. 소극적인 것이란 탐관오리와 같이 공물을 사물로 삼지 않더라도 공적인 사무를 거리낌 없이 사사롭게 처리하는 것을 일컫는다. 예컨대 자신의 가벼운 병을 핑계로 공무를 태만히 한다든가, 그렇지 않으면 친척이나 처자의 우환이나 병을 핑계로 삼아 결근한다든가, 노부모를 봉양한다는 구실로 원지遠地 부임을 고사한다든가, 부양가족이 많으므로 중앙의 관직에서 수입이 많은 지방 관직으로 전근을 청한다든가 하는 것이 그러하다. 이것은 조선인에게는 대체로 상식으로서 그들의 직무상 조금도 양심에 거리끼는 일이 아니다. 적극적인 것은 앞에서도 언급한 바와 같은 다양한 관직에 있는 이들이 직권을 이용하여 사리사욕을 채우는 것을 일컫는다.

소극적인 공사의 혼동과 적극적인 공사의 혼동 모두 그 원인은 우선 동양에서 공통된 공사 구분 관념이 발달하지 못한 데에서 비롯한다고 보아야 할 것이다. 시선을 돌려 중국과 일본을 보더라도 또한 조선과 마찬가지로 공사의 혼동이 두드러진 현상들이 없지 않다. 가까운 예를 일본에서 찾자면, 자치제를 실시하자 도처의 시市·정町·촌村에서 공사 혼동의 폐해가 나타나지 않는 곳이 없을 만큼 끊이지 않았다. 관리의 독직瀆職이 신문지상에 끊이지 않고 오르내리는 것은 무슨 증거겠는가.

게다가 도쿠가와(德川) 막부 시대(1603~1867) 말기로 거슬러 올라가면 두말할 나위도 없다. 47명의 사무라이들이 일으킨 겐로쿠(元祿) 연간(1688~1704)의 쾌거도[3] 키라(吉良) 씨의 적극적인 공사 혼동으로부터 일어났다. 멀리 고대로 거슬러 올라가 보면, 관직은 가문의 세습으로서 자손이 현명한지 여부를 따지지 않고 가업을 이을 수 있었다. 심지어 사에몬(左衛門), 곤베에(權兵衛)와 같은 관직명을 그대로 이름으로 삼아 자손 대대로 이어가게 했다. 이는 공사 혼동의

---

3 역주 겐로쿠 아코 사건(元祿赤穗事件)을 일컫는다. 도쿠가와 막부 시대 중기에 발생한 주군主君 복수 사건으로서, 1701년 4월 21일 에도(江戶) 성에서 아코(赤穗) 번주藩主 아사노 나가노리(淺野長矩)가 갈등을 빚고 있던 도쿠가와 가의 가신(旗本) 키라 요시히사(吉良義央)를 참참斬하려 했으나 실패하여, 막부로부터 할복 처분을 받았다. 아사노의 신하인 오이시 요시오(大石良雄) 외 47명의 사무라이는 1703년 1월 30일 키라의 사저에 진입하여, 주군 아사노 대신 복수를 하고 키라의 목을 주군의 묘소 앞에 바쳤다. 이 일로 오이시 요시오와 47명의 사무라이도 막부로부터 할복 처분을 받았다.

소극적인 사례라고 하겠다. 중국의 경우는 더 논할 필요도 없다.

실제로 공과 사를 구별하는 관념이 발달하지 못한 것은 우리 동양인의 보편적인 폐해라고 하겠다. 이는 실로 넓은 의미에서 국가와 사회의 발달 정도가 낮은 데에서 비롯한다. 일본의 지식인들 가운데 이를 개탄하는 이들이 제법 많았으나, 공사 구별의 관념이 다소나마 발달하게 된 것은 매우 최근의 일이다. 아마도 인민의 정치적 지식과 사회적 의식 향상을 위한 훈련을 거쳐야 비로소 이런 동양의 오랜 습관에서 벗어날 수 있을 것이다.

조선의 제도와 시정이 폐퇴한 두 번째 원인은 조선 사회 조직의 가족주의에서 비롯한다. 조선의 정치제도는 전제군주제도이나, 역성易姓 혁명을 용인했으므로 조선 사회의 단위로서 순수하게 변하지 않은 것은 종가宗家와 말가末家를 한데 합친 가문이다. 이러한 사정으로 군주와 국가에 대한 도덕인 충忠과 부모와 조상에 대한 도덕인 효孝가 서로 분리되어서, 사회 조직의 가치로 보자면 효를 충보다 우위에 두지 않을 수 없게 되었다. 그래서 역대 군주도 신민의 충군애국을 장려하나, 특히 힘을 기울여 효제孝悌를 장려했다. 불충과 불효 모두 조선인에게 가장 심한 악덕이었다. 충을 효제보다 우위에 둔다는 것은 조선의 사회 조직에서 허용될 수 없었다.

충이란 관직에 나아간 이들을 통제했으나, 그 이하의 백성에게는 요구할 수 없는 덕목이었다. 공자가 "충신은 효자의 가문에서 난다(忠臣出於孝子之門)."고 한 격언은,[4] 역대 군주들이 겨우 마음의 위안을 삼을 만한 것이었다. 이러한 이유에서인지 효도를 위해서는 불충을 범하지 않는 한까지는 공무를 제한하더라도 사회가 용인하는 관례가 생겨난 것이다. 왜냐하면 그렇게 하는 편이 사회 전반적으로 형편에 좋았기 때문이다. 앞서 언급한 바와 같이 소극적인 공사 혼동은 대체로 이러한 관례에서 비롯한 것으로서, 오늘날에도 조선인 관리들이 의외의 구실로 결근이나 사직을 하거나, 심지어 전근을 청하는 이유도 사실은 이로부터 비롯한다.

게다가 대가족제도로 인해 적극적으로 공사를 혼동하기도 하는데, 수십 명 혹은 수백 명에 가까운 가족 구성원들 가운데 성공한 한 사람, 혹은 몇 사람이 나머지 가족들의

---

4 역주 이는 엄밀히 공자가 한 말이 아니라 중국의 오랜 속담이다. 공자가 한 말 가운데 이와 가까운 것은 『효경孝經』에서 찾을 수 있는데, 그 구절을 인용하면 다음과 같다. "공자께서 말씀하셨다. 군자는 효로써 부모를 섬기니, 충성을 군주에게 옮길 수 있고, 공경으로 형을 섬기니, 공순함을 웃어른에게 옮길 수 있고, 이치로써 집안일을 처리하니, 다스림을 관직에 옮길 수 있다. 이로써 안에서 행실이 이루어지고서 그 이름이 후세에 알려진다(子曰, 君子之事親孝, 故忠可移於君; 事兄悌, 故順可移於長; 居家理, 故治可移於官. 是以行成於內, 而名立於後世矣)." 阮元 校勘, 「廣揚名章 第十四」, 『孝經正義』, 台北:新文豐出版公司, 1977.

부양 의무를 지게 되므로, 더욱 생활비가 늘어 관직을 이용하여 사리사욕을 채울 수밖에 없다. 이것은 독신의 경우에는 가난을 견딜 수 있어도 처자가 생겨나면 견디기 어려워지는 것과 마찬가지 이치이다. 대가족 가운데 한 사람이 성공하게 되면 힘을 다해 가족들을 밀어 주고 끌어 주어 관직에 앉히고자 하는 것도 또한 같은 동기에서 비롯한다. 조선에서는 예로부터, 특히 최근에 이르러 형제가 서로 손을 잡고 관직에 올라 일가의 권세를 펼치는 사례도 제법 많다. 이 점에서는 일본의 왕조시대의 대가족제도가 낳은 결과와 똑같다고 하겠다.

세 번째 원인은 중국의 제도가 지닌 결함을 그대로 답습했기 때문이다. 중국도 예로부터 조선과 마찬가지로 관리의 봉급이 너무나 적어서 실제 수입은 관리들의 수완으로 징수하여 조달하도록 일임했으므로, 중국의 관리직이란 일종의 청부업과도 같았다. 지방관은 자신의 주택을 관청으로 삼았고 자신의 노비들을 관청의 사정使丁으로 부렸다. 아마도 사경제私經濟와 관경제官經濟의 구분이 분명하지 않았던 듯하다.

조선의 행정제도는 중국을 모방한 것이므로, 법령상으로는 지방관의 봉급이 매우 적어, 수령은 사역使役을 하는 형편이었고, 서리나 주졸走卒들은 표면상으로는 월급이 없었다. 수령은 아전, 서리와 협력하여 일정액의 세금을 국고나

궁내부에 상납하고, 그 이상은 교묘한 방편으로 백성으로부터 취했는데, 이는 국법으로 금할 근거가 없었다. 또 그러한 방법이 아니면 자신의 체면을 세우고, 아전과 서리, 사정과 주졸들을 부양할 수 없었다. 공적인 납부액을 제외하면 군내郡內의 재력은 모두 수령을 위한 술안주와 같은 것으로, 이를테면 한 집안의 곳간과도 같았다.

그래서 관아의 구조도 중국과 비슷하게 군청을 따로 지었더라도 군수의 주택도 군청의 구내에 있어서, 실제로는 하나의 구역 전부가 수령의 주거 공간이나 마찬가지였다. 정자와 누대樓臺는 관청에서 세웠으나 수령의 사적인 연회에 사용했고, 관기는 관청에 소속되어 있었으나 수령이 마음대로 점유했으며, 심지어 수령의 손님 접대나 비서 역할까지 겸하여 위세와 복록을 누려도 아무도 개의치 않았다. 이와 같이 조선의 행정제도가 이미 공과 사가 혼동된 가운데 제정되었다고 할 수 있는 것이다.

네 번째로 관리의 임기가 짧았기 때문이다. 세상에 조선의 관리만큼 지위가 불안정한 자리는 없을 것이다. 관직의 변천은 마치 주마등과도 같다. 고관대작이라도 결국에는 하루아침만 화려한 무궁화와 다를 바가 없다. 옛날 우화 가운데 사마귀는 매미를 노리고, 참새는 사마귀를 노리고, 어린아이는 올무로 참새를 노린다는 이야기가 있다. 조선의 관직이란 바로 이와 비슷하다고 하겠다. 서로 매미가 되었다가 사마귀가 되었다가 참새가 되었다가, 또 어린아이가 되었다가 한다.

그래서 누구도 안정되고 든든한 지위를 차지하지 못하고, 모든 정치적인 시정은 임시방편에 불과하여, 자주적으로 장구한 계획을 세울 수 없다. 비유하자면 야시夜市의 장사꾼과도 같다고 하겠다. 그들은 오늘밤에는 여기에서 좌판을 벌여도 내일 밤에는 도대체 어디로 가는지 알 수 없으므로, 그들이 파는 물건도 믿을 만한 것이 못 될 터이다. 특히 지방관이 그러하다.

목민牧民의 직무란 나무를 심는 것과 마찬가지이다. 적어도 하나의 정책이 결과를 낳을 때까지는 5년 이상의 세월이 필요하다. 조선의 군수는 예로부터 일찍 교체되는 것을 원칙으로 한다. 일 년 이상 이동하지 않는 군수가 도리어 구임久任이라고 해도 과언이 아니다.

그래서 관리 구임과 관련한 논의는 일찍이 선조 대 여러 이름난 선비들의 표의문表意文에서도 나타난다. 관리 단임의 결과 우선 치적을 올리지 못하는 것은 물론, 무엇보다도 관리의 적극적인 공사의 혼동을 부추길 뿐이었다. 아무리 훌륭한 관리라고 해도 일 년 이상 임기를 예상할 수 없고, 한 번 자리에서 물러나면 언제 다시 기용된다는 기약도 없다면, 우선 짧은 임기 동안 온 힘을 다해 소득을 늘리려고 할 것은 인지상정일 터이다. 부의 원천을 배양할 생각이란 없이 오로지 빼앗을 일만 생각할 터이다. 그러니까 관리의 짧은 임기가 공사 혼동의 근본적인 원인이라고 볼 수는 없다고 해도, 그것을 조장하는 원인이라고는 볼 수 있을 것이다.

8. 관용(寬擁)과 위엄(鷹揚)

조선인의 용모와 태도 가운데 일본인과 비교해서 관용과 위엄이 있는 것은 분명히 칭찬할 만한 한 특성이라고 하겠다. 혹은 이를 두고 창기(暢氣)라든지 무신경이라고 경멸하는 이도 없는 것은 아니나, 나는 이것을 단점이 아니라 장점으로 보는 편이 공평하다고 믿는다. 관용과 위엄이란 자질구레한 일에 골머리를 앓지 않고, 크게 보고 큰 국면을 넘어서 생각하는 바는 아니더라도, 적어도 사소한 일은 그런 일을 하는 이에게 맡기고 감정 표현을 격렬하게 하지 않는 것이다.

조선인은 두려움이나 무서움이 아니라, 희로애락의 감정을 모두 갖추어 여유를 지니고 온화한 봄바람과 같은 기상이 있다. 행동거지에 여유가 있고 쫓기지 않으며 걸음걸이도 찬찬하고 위엄이 있어 존경할 만하다. 그래서 신경질, 신랄함, 경쟁심, 초조함의 기상과는 정반대이다. 물론 이러한 아름다운 자질은 한양의 양반 사대부가 등 세간의 생활난을 모르는 계급에게서 가장 두드러지게 나타나는 바이다. 하지만 그러한 자질은 조선인 전반에 걸쳐 일본인과 대조적일 뿐만 아니라 오히려 뛰어나기까지 하다. 이러한 특성은 과연 인정할 만하다.

오늘날 경성에 거주하고 관직에 의지해 생활하면서, 어느 정도 재산이 있고 일정한 수입이 있어서 장래의 생계를 계획할 수 있는 이는 매우 적다. 대부분은 급속히 중산층에서 빈민층으로, 빈민층보다도 더욱 가난한 처지로 치닫고 있다. 그런데 이렇게 의지할 데 없이 불안한 경우에 처하여, 그들의 의관이나 수레, 가마의 외관은 볼품없어져도 기질적으로 그와 같은 처지의 일본인에 비해 두려워하고 다급하거나 신경질적인 태도와 용모를 드러내는 일은 매우 드물다. 도리어 거의 없다고 해도 과언이 아니다.

또한 시골의 농민도 조선조 수백 년 관청의 가렴주구, 지주와 소작인 사이의 관습으로 인해 조금도 여유가 없이 온 집안에 가진 것이라고는 아무것도 없어도, 우리나라 농민과 마찬가지로 혹은 그 이상의 낙천성과 위엄 있는 기상을 지니고 있다.

게다가 양반 권세가의 노인들을 보더라도 그들 모두 조선조 말년까지 노론·소론·남인·북인의 사색당파에 적을 두고, 밤낮으로 정권 쟁탈과 반대당을 몰락시키는 데에 부심하고 노심초사하면서, 종종 생사의 경계를 드나들던 이들이었다. 그런데 그들과 가까이 접해 보면, 이들 또한 위엄과 여유, 관용이 있고 걸음걸이가 찬찬한 신사들이다. 나는 조선인 모두가 관용과 위엄이 적잖이 나타나는 태도와 용모를 갖추고 있는 것을 아름다운 자질로 보고자 한다.

조선인이 이러한 아름다운 자질을 갖추고 있는 이유는 무엇으로부터 비롯하는가. 첫째 조선인의 고유한 성질은 기분이 느긋하고 감정의 격앙이 적은 데에서 비롯한다고 본다. 조선인 얼굴의 길이와 담뱃대의 길이와 느긋함을 삼장三長이라고 한다는 속담이 있다. 느긋함이란 관용에 가깝고, 감정의 평정은 평화로움과 태연함이라고 하겠다. 일본인은 온종일 아무 일 없이 지낼 수 없는 사람들이다. 조선인은 항상 아무 일이 없는 데에서 즐거움을 느끼는 사람들이다. 그들의 시장에 나가 보면 장사꾼들은 긴 봄날의 절반을 불 꺼진 담뱃대를 물고 긴 얼굴에 입은 반쯤 벌린 채, 반쯤은 잠든 듯 반쯤은 깨어 있는 듯이 가게 앞에 앉아 있다. 그러다가 이따금씩 뭔가 생각이라도 났다는 듯이 두세 번 담뱃대를 빨고서는 굵은 기러기의 목과 같은 데에서 가늘게 보랏빛 연기를 뿜어 올리는 것을 보면 그야말로 유장함이 인격화된 것을 인정하지 않을 수 없게 된다.

둘째로는 조선이라는 나라 자체가 극단적으로 예의를 중시하는 점을 들지 않을 수 없다. 조선이 예로부터 예의지국인 것은 조선인의 가장 큰 자랑이다. 조선인의 기자箕子 전설에 따르면 기자가 평양에 와서 조선인에게 예의범절을 가르쳐 동이 가운데 일찍이 오랑캐의 처지에서 벗어났다고 한다. 조선인들은 이때에 이미 동해 예의국이자 소중화小中華로서의 자질을 이루었다고 여긴다.

조선의 학자들은 종종 『논어』에서 공자가 "도가 실천되지 않아 뗏목을 타고 바다로 가게 되면, 나를 따를 이는 유由뿐이구나(道不行, 乘桴浮于海, 從我者其由歟)."[5]라고 말한 것이, "오늘날 도가 중국에서 행해지지 않는데, 도리어 바다 동쪽의 조선국이 옛 예를 지켜 도를 행한다. 차라리 동해를 건너 조선으로 가고 싶다."는 뜻이라고 해석한다.

또한 한치윤韓致奫(1765~1814)의 『해동역사海東繹史』도 『논어』에서 "공자孔子가 구이九夷 지방에 살려고 하자, 혹자가 말하기를, '누추해서 어떻게 살겠는가?' 하니, 공자가 말하

---

5 역주   인용한 원문은 정확하게 다음과 같다. "공자孔子께서 말씀하시기를 '도道가 행해지지 못하는지라, 뗏목을 타고 바다에 가리니, 나를 따를 자는 유由일 것이로다.'라고 하셨다(子曰, 道不行, 乘桴浮于海. 從我者其由與)." 成百曉 譯註, 「公冶長 第五」, 『(懸吐完譯) 論語集註』(東洋古典國譯叢書 1), 傳統文化硏究會, 1992.

기를, '군자가 살고 있는데 어찌 누추한 것이 있겠는가.' 하였다."는 대목을 인용하면서, 이때 '구이九夷'는 '동이조선東夷朝鮮'을 가리킨다고 하고, 군자란 공자 자신을 가리키는 것이 아니라 이미 그곳에 살고 있는 존재라고 해석했다. 당나라 현종이 신라의 사신을 보고, 그가 나아가고 물러가고 앉는 데에 예의와 절도가 있는 것을 칭찬했다는 역사 기록도 있다. 이 모두 조선인으로 하여금 예의국의 자부심을 불러일으키기에 충분하다.

그래서 몇 대가 지나도 의관을 엄숙히 하고 예의 바르게 하며, 자녀들을 교육시킬 때에도, 발은 경솔하지 않게 무겁게 해야 한다, 손은 쓸데없이 움직이지 말고 단정히 해야 한다, 눈은 옆으로 흘겨보거나 곁눈질하지 말고 단정하게 떠야 한다, 입은 말을 하거나 음식을 먹을 때 외에는 항상 꼭 다물고 있어야 한다, 말소리는 항상 나직하고 조용하여 시끄럽거나 수선거리지 않도록 한다, 머리는 한쪽으로 기울이거나 돌리지 말고 곧게 해야 한다, 호흡을 조용히 하여 기상氣像을 엄숙히 해야 한다, 서 있을 때는 덕이 있어 보이도록 반듯한 자세로 서 있어야 한다, 얼굴은 생기 있고 씩씩한 표정이 나타나야 한다는 구용九容을 가르쳤다. 그리하여 앉고 나아가고 물러서는 가운데 반드시 예의를 잃지 않도록 했다.

예의의 요체는 온화함과 화목에 있다. 예의가 몸에 밴 사람은 당연히 태도가 위엄 있고 기상이 너그럽고 여유롭게 마련이고, 용모에도 그러한 마음이 옮겨 가 자신의 성격마저도 변화시키기에 이른다.

셋째로는 조선 시대의 어떤 훌륭한 인물이라도 그러한 인간형의 전형들이었던 데에서 비롯한다. 조선이 건국한 이래 진정한 재상과 이름난 재상으로서 누구나 인정할 만한 인물들은 그 수가 그다지 많지 않다. 특히 조선 시대 중기 이후 당론이 성하게 되면서 어떤 사람이라도 마음 깊은 곳에 당파심을 지니지 않은 이가 없었고, 어떠한 인물에 대한 평도 공평하다고 할 수 없었다.

이상적인 인물이란 반드시 선조 이전 적어도 노론, 소론, 남인, 북인의 당쟁 이전에서 찾지 않으면 안 된다. 조선의 지식인 가운데 비교적 널리 이름난 재상이라고 인정받는 이를 열거해 보자면, 황희黃喜(1363~1452), 허조許稠(1369~1439), 맹사성孟思誠(1360~1438), 정광필鄭光弼(1462~1538), 상진尙震(1493~1564), 심수경沈守慶(1516~1599), 유관柳灌(1484~1545), 이준경李浚慶(1499~1572), 이원익李元翼(1547~1634), 윤두수尹斗壽(1533~1601), 신용개申用漑(1463~1519), 정태화鄭太和(1602~1673) 등을 꼽을 수 있다. 그리고 이 가운데 포함하지 않을 경우도 있으나 한 시대의 재인才人으로서 어려운 시대에 처해 공을 세운 유성룡柳成龍(1542~1607), 최명길崔鳴吉(1586~1647)과 같은 이들도 있다.

이들은 이른바 이름난 재상의 성격을 고려할 때 공통점을 지니고 있다. 이를테면 작은 공에 연연하지 않고 큰 국면을 달관하여 처신함으로써 국론을 안정시키고, 부지불식간에 군주를 보필하고 백성을 구제하는 정치의 도의를 실현했다는 점에서 그러하다. 그래서 빛나는 공이 없고 애써 살펴 밝히지 않아도 백성들이 스스로 영원히 두터운 마음으로 잊지 않는다.

이름난 재상 가운데 특히 이러한 전형을 잘 나타내는 이는 황희, 허조, 정광필, 이원익 등으로서, 그 가운데 황희는 전무후무한 조선의 이상적인 재상이라고 하겠다. 황희는 세종 대에 재상이 된 이래 20년 동안 조선을 무사히 다스렸다. 『필원잡기筆苑雜記』에는 그에 대해 다음과 같은 평이 실려 있다.

> 익성공翼成公 황희黃喜는 도량이 넓고 커서 대신의 체통이 있었다. 정승의 자리에 30년이나 있었고, 향년享年이 90이었다. 국사國事를 의논하고 결정하는 데는 관대寬大하기에 힘쓰고, 평상시에 마음이 담박하여 비록 아들, 손자, 종의 자식들이 좌우에 늘어서서 울부짖고 장난을 하고 떠들어도 조금도 꾸짖어 금하지를 아니하며, 어떤 때는 수염을 잡아 뽑고 뺨을 쳐도 그대로 내버려두었다. 일찍이 보좌관을 불러 일을 의논하면서 막 책에 글씨를 쓰려 하였는데, 종의 아이가 그 위에 오줌을 누었

으나, 공이 노여워하는 기색이 없이 손으로 닦아낼 뿐이었으니, 그 덕스러운 도량이 이와 같았다.

『용재총화慵齋叢話』에도 다음과 같은 미담을 전하며 인물평을 했다.

> 황익성공黃翼成公은 도량이 넓어서 조그마한 일에 거리끼지 아니하고 나이가 많고 지위가 높을수록 더욱 스스로 겸손하여, 나이 90여 세인데도 한 방에 앉아서 종일 말없이 두 눈을 번갈아 뜨면서 책을 읽을 뿐이었다. 방 밖의 서리 맞은 복숭아가 잘 익었는데 이웃 아이들이 와서 함부로 따니, 느린 소리로, "나도 맛보고 싶으니 다 따가지는 말라." 하였으나, 조금 있다가 나가 보니 한 나무의 열매가 모두 없어졌다. 아침저녁 식사를 할 때마다 아이들이 모여들면 밥을 덜어 주며, 떠들썩하게 서로 먹으려고 다투더라도 공은 웃을 따름이었으니, 사람들이 모두 그 도량에 탄복하였다. 재상 된 지 20년 동안 조정은 공을 의지하고 중히 여겼으니 개국 이후 재상을 논하는 자는 모두 공을 으뜸으로 삼았다.

대단히 두터운 내면으로 요령을 얻어 국가의 중추를 도맡으니, 관용과 위엄으로는 누구도 따를 수 없는 인품을 지녔음을 알 수 있다. 정광필, 이원익에 대한 전승을 보아도 또한 대략 비슷하다는 것을 알 수 있다. 『음애일기陰崖日記』에서는 정광필을 다음과 같이 평했다.

> 15일에 함경도 관찰사 정광필로 우의정을 삼았으니, 영의정 성희안成希顔이 천거하였던 것이다. 그는 기국器局이 있고 응접應接을 잘하여 말하는 것과 모양이 너그럽고 아름다우며 규율이 심히 엄했다. 성희안은 그의 도량度量에 감복하여 말하기를, "광필 같은 이는 소리 없는 데서 듣고, 형용이 없는 데서 보는 것 같다 하겠도다." 하고, 공경하기를 신神과 같이 하더니 이때에 이르러 힘써 천거했다. 그가 감사監司로부터 계급을 더하여 찬성贊成이 되고, 찬성으로부터 정승이 된 것은 모두 희안의 힘이었다.

그리고 이준李埈(1560~1635)은 이원익을 다음과 같이 평했다.

> 공의 도량은 깨끗하고 밝았으며, 표리가 한 가지로 순수했다. 평소에는 말씨와 얼굴빛이 따뜻했고, 웃는 얼굴은 가히 사랑할 만했다. 일에 임해서는 흘연하기를 마치 산악이 움직이지 않는 듯했다. 만약 관청에서 일을 처리하면 시서를 순용純用하였고, 고사古事를 참고하니 스스로 이치에 부합했다.

이로써 조선의 이름난 재상들의 성격을 살필 수 있다. 그래서 조선의 대신들은 적어도 관용과 위엄 있는 용모와 풍채를 지니고 있었고, 평소에도 힘써 그러한 모습을 잃지 않도록 수양했다. 그릇이 좁고 기호에 따라 자질구레한 일에 얽매이는 이는 온 세상이 소인배로 보니 감히 대신감이라고 할 수 없다. 그것은 오로지 조선의 정치가 유교주의에 근간한 결과, 법령을 힘써 간소하게 하여 당국자가 자유롭게 수완을 발휘할 여지를 많이 주었고, 장부와 문서 관련 사무는 도필리刀筆吏에게 맡겨, 이른바 『논어』 한 권으로 정무를 볼 수 있는 여유 있는 조직을 갖추었기 때문이다. 하지만 조선인이 일반적으로 관용과 위엄의 기상을 갖출 수 있었던 이유 가운데 하나는, 분명히 앞서 거론한 이상적 인물로부터 받은 감화 덕분이라고 하겠다.

9. 순종(從順)

조선인만큼 모든 일에 순종하는 민족은 드물 것이다. 국가는 중국의 통제에 순종하여 복종했고, 상류 사대부들은 국왕의 권력에 복종했고, 중인과 상민은 계급제도에 순종하여 사대부의 압제에 복종했다. 백성들은 관청의 명령에 복종하여 얼어 죽고 굶어 죽지 않는 한 세금을 바치지 않는 일이 없었다. 또한 젊은이는 웃어른들에게 순종하고, 제자는 선생에게 순종하고, 아내는 남편에게 순종하고, 서자는 적자에게 순종하여 천대를 감내했다. 미혼자는 기혼자에게 순종하고, 노비는 주인에게 순종하고, 천민은 상민에게 순종하고, 소나 말까지도 사역에 순종했다. 이것은 일본에서는 도저히 볼 수 없는 현상이다. 바로 이것이 '순종'을 아홉 번째 특성으로 보아야 하는 이유이다.

조선인이 이처럼 순종의 미덕이 풍부하게 된 데에는 여러 가지 원인이 있다. 첫째 이 민족의 본래 성질이 그러하기 때문이다. 앞서 인용한 『산해경』의 문장에도 조선인을 두고 "양보를 즐기며 싸우지 않는다."고 평한 바 있다. 아마도 이것은 반도의 지리적, 기질적인 특성이 그 주민으로 하여금 순종하게 했던 것으로 보인다. 둘째 조선이 정치적으로 줄곧 중국의 속국으로서 보호를 받는 지위에 있었으므로, 국민도 자연히 자주 자립의 정신을 결여하여 남에게 의지하고 순종하는 것을 당연하게 생각하기에 이르렀기 때문이다. 과연 이것을 역사로부터 받은 감화라고 볼 수밖에 없는 것인가. 셋째 전제정치가 그러한 성질을 형성했기 때문이다. 법령의 위력은 전제정치에서 가장 크게 나타나는

데, 그러한 체제 아래의 백성은 스스로 순종하는 성정을 기르게 된다. 하지만 가장 중요한 원인은 유교의 교의로부터 비롯한, 사회 질서를 중시하는 사상이 사회 계급 상하 전반에 강하고 깊게 침윤한 데에서 비롯한다.

공자에 이르러 완성된 유교 제일의 교의는, 사람에 따라 '인仁'이나 '중용中庸', 혹은 '예禮'라고들 하나, 정치학적 측면에서 검토해 보자면, '예'가 가장 근본적인 것이라고 하겠다. 공자는 법과 형벌로 세계와 국가를 다스리고자 하면 백성은 이를 피하고, 수치심 없고 간사한 꾀를 지닌 무리만 늘리게 되어, 민심이 가볍고 경솔한 지경에 이를 뿐이라고 했다. 그러므로 오히려 '예'로써 사회에 절도와 통제를 부여하여 엄중한 질서를 부여하는 편이 낫다고 했다. 그래서 '예'를 잘 실천하여 상하의 명분을 정하고 장유長幼의 차례를 밝혀 질서정연하게 하면, 국가를 자연스럽게 통치할 수 있다고 믿었다. 왜냐하면 법과 형벌로 다스리면 적은 수의 관리의 힘에 의지할 수밖에 없고, 그들이 사회 전부가 질서를 지키도록 힘써야 하기 때문이다. 조선 건국 초기부터 이러한 유교의 사상을 받아들여 건국의 국시로 삼고, 예치禮治를 바른 명분으로 삼아 군신君臣·관리·사대부와 아전·상민·천민의 구분을 엄격하게 하고, 부자父子·형제·부부·적서嫡庶·장유長幼·사제의 질서에도 적용했다. 그리하여 이론을 떠나 국가 정치 도리의 근간으로 삼아 반드시 신민 모두 따르고 지키도록 했다. 역사적으로 종종 사대부의 지나친 적서 차별에 대해 논하는 이들이 있었으나, 이들의 의견은 항상 명분을 바르게 한다는 관습적인 주장에 의해 강력한 비판을 받아 용인될 수 없었고, 그리하여 결국 조선 말기에 이르고 말았다.

하지만 양반이 상민을 부리고 명령하여 그들을 억압하고 그들의 이익을 침해하는 일은 매우 심했는데, 양반은 항상 상민이 질서를 문란하게 했다는 구실을 들었다. 그들은 없는 말을 덧붙이고 논지를 왜곡하여 양반 이외 모든 신분을 멸시했고, 제멋대로 감금하여 벌금을 물리거나 했다. 그런 구실에 대해 누구도 대들 수 없었다. 유교에는 원래 천부인권天賦人權이나 개인의 인격에 대한 관념, 그러니까 사민四民 평등의 관념이 없었고, 그렇게 불평등한 국가사회의 상황을 있는 그대로 무사히 다스리는 데에 주안점을 두고자 했다. 그런데 교육의 경우도 중상류 사회 계급에 한정되어 있었고, 상류와 중류 사이에도 교육의 차별이 있었다. 하층민은 지식을 발전시킬 희망이란 영원히 품을 수 없었다. 이 또한 국가의 질서유지 정책에서 결코 주의를 게을리 해서는 안 되는 점이었다. 하층민은 이미 '예'에 따라 양반에 절대 복종하게 되어 있었고, 오늘날까지도 지식과 학문에 전혀 접근할 수 없는 형편이다. 그들은 순종할 수밖에 없었다.

그래서 조선 시대 5백 년 동안 평민이 정부의 압박에 대해 감히 반항의 기치를 들었던 사례는, 고종 대 갑오년(1894) 동학당의 봉기 이외에는 찾아볼 수가 없다. 이것도 단순한 평민의 발분(發憤) 봉기는 아니고, 그 외에 종교 박해에 대한 격렬한 순교 정신도 포함되어 일어난 사건이었다. 조선인은 힘이 센 자가 가하는 압박에는 견디고 복종하나, 사정이 바뀌면 감히 불평을 하기도 한다. 조선인을 다스리기 위해서는 단호하고 위엄 있는 간단한 법령을 갖추고, 한번 법령을 발포하면 변경하지 않는 것이 중요하다고 하겠다. 법령을 자주 변경하면 그들로 하여금 마음으로 복종하지 않도록 하는 원인을 제공하게 된다.

10. 낙천성

낙천성이란 인간 생활의 삼대 요소인 의식주의 부족에 대해 노심초사하는 일이 매우 드물어, 생존경쟁이 치열한 문명사회의 인간의 눈으로 보자면, 마치 세상의 근심을 모르는 듯한 정신상태를 지니고 있는 것을 가리킨다.

조선인의 낙천성은 그 용모에서 이미 볼 수 있다. 사람이란 술에 취하면 자신의 본심을 드러내게 마련이다. 조선의 모든 계급이 일반적으로 술에 취했을 때 보이는 아무런 근심 없이 낙천적인 태도는 일본인에게서는 도저히 찾아볼 수 없다. 게다가 그들이 마시는 술의 종류도 대부분 누룩 냄새가 코를 찌르는 탁주이거나 가장 질 낮은 새 술로서, 일본인이 이런 술을 마시면 숙취로 고생할 것들이다. 인생이란 짧은 한평생을 걱정하며 보내도, 아무 근심 없이 낙천적으로 보내도 결국 한 번뿐이다. 걱정할 일이 있어도 걱정하는 마음과 그 일이 되고 안 되고는 아무런 상관이 없는 경우가 많다. 그러므로 근심 걱정을 모르는 사람은 행복하다는 말도 있다. 그런 의미에서 조선인은 분명히 행복한 사람들이다.

양반 가운데 대부분은 오늘날 가난하게 되었으나, 그 이전이라고 해서 모든 양반이 부유했던 것도 아니다. 몇 대에 걸쳐 권세를 잃었던 양반은 종종 한 상자의 책과 한 벌의 옷 이외 아무것도 가지지 못한 경우가 허다했다. 그러나 그들은 이러한 처지에서도 충분히 편안하게 지냈다. 굴뚝에 연기가 끊긴 지 오래되어도 단정하게 앉아서 낭랑하게 독서를 했고 가난이 뼈에 사무치는 줄도 몰랐다.

그런데 조선인은 전반적으로 극빈한 처지로 끼니를 잇지 못하는 것을 다른 사람들에게 말하면서도 부끄러워할 줄 모르는 습관이 있다. 이것은 일본인에게 도저히 이해가 되지 않는 심리상태라고 하겠다. 무사武士가 끼니를 잇지 못해도 이를 쑤신다는 것은, 식사를 한 시늉을 해서라도 끼니를 거른 것을 남에게 알리지 않고, 아무렇지도 않은 듯이 보이기 위해서이다. 일본인은 가난을 감추고자 고심하므로 가난을 더욱 심각하게 느낀다고 하겠다. 하지만 조선인은 가난하여 끼니를 잇지 못하는 일이란 인간의 일상사라고 생각하므로 남에게 말하면서도 결코 부끄러워하지 않는다.

나는 종종 조선인이 살림을 정리하여 이사를 하는 것을 보곤 한다. 그들의 부족하고 적은 재산을 보노라면 참으로 측은하여 쓴웃음을 금할 수 없다. 남편은 지게에 가마솥, 이부자리 두세 채, 장작 한두 개비를 지고, 아내는 옷가지를 싸서 머리에 이고, 왼손으로는 아이의 손을 잡아끌고 이사 갈 곳으로 간다. 나는 일본의 간이簡易 생활자 부류가 이사하는 것은 자주 보지 못했으나, 참으로 부부와 아이의 한 가족이 도대체 어떤 심리상태로 이처럼 빈한하고 아무것도 없이 생활할 수 있는지 놀라지 않을 수 없다. 이러한 사례는 실로 낙천성으로 해석할 수밖에 없다고 하겠다.

이와 같은 낙천성이 생겨난 원인은 무엇인가. 첫째 조선인의 느긋한 성격을 꼽을 수 있겠다. 성급한 사람일수록 감정의 흥분을 참기 어렵다. 노여운 일이 있으면 노여움에 지고, 근심이 있으면 근심에 지고, 슬픈 일이 있으면 슬픔에 진다. 노엽더라도 노하지 않은 듯, 근심이 있어도 근심하지 않는 듯, 슬프더라도 슬프지 않은 듯 행동하는 것은 느긋한 사람의 특질이다. 자살하고 할복하는 것은 일본인의 특징이지, 조선인은 무슨 이유로 그렇게 해야 하는지 도저히 이해할 수 없을 것이다. 또한 조선인 학교에서 분쟁이 매우 드문 것도 또한 같은 이유로 이해할 수 있을 것이다. 그런데 조선도 의식주의 군색함을 근심하지 않는 것은 아니다. 하지만 근심하더라도 절실하게는 하지 않는다. 만약 전혀 근심하지 않는다면 그것은 정신이상이라고 볼 수밖에 없다.

둘째 어떤 상황에 처하든 분수에 만족하기 때문이다. 무릇 인간의 희망이나 야심이란 그가 태어난 나라의 규모에 따라 크거나 작은 차이가 있게 마련이다. 조선과 같이 반도국으로서 오로지 중국을 대국으로 삼아 스스로 소국으로 자처해 온 국민은, 도저히 큰 생활의 욕구를 누릴 수는 없었다. 그들의 천부적인 그릇이 큰 부귀영화를 허락하지 않았다. 달팽이가 껍질을 성곽으로 삼아 안으로 움츠러들듯이, 스스로 작은 천분에 만족하는 성질을 기르게 된 것이다. 자신의 분수에 만족하는 이는 근심도 적고 걱정도 없다. 주어진 대로 받아들이고 굳이 자신의 뜻으로 뭔가 구하지 않는다. 만약 아무것도 주어지지 않게 되면, 마치 달팽이가 껍질 속에서 조용히 굶어 죽는 것처럼 그렇게 될 뿐이다. 오늘날 남녀의 염세적인 태도는 모두 생활의 욕구가 높아져서 자신의 처지에 만족할 수 없게 된 데에서 비롯한다. 자신의 분수를 알고 만족하는 조선인이 낙천적일 수밖에 없는 것은 당연하다고 하겠다.

셋째 원래 조선인의 생활이 긴장된 듯해도 사실은 여유가 있어서 오늘날 문명국에서는 볼 수 없는 생활난이 존재하지 않기 때문이다. 양반은 고종 갑오년 이전 과거제도가 시행되던 때에는, 과거에 급제하면 한평생의 생활문제를 해결했으므로 가만히 앉아서도 생활의 자산을 얻을 수 있었다. 과거에 급제하지 못하더라도 그 집안의 품격이 있으면 지방의 관리나 토호로부터 받은 진상품으로 굶어 죽고 얼어 죽는 일은 면했다. 그들이 믿는 바란 가문의 품격과 문장력과 학문으로서, 가난한 처지에서도 굴하지 않고 독서를 하고 학문을 갈고 닦으면 언젠가는 한 번에 처지를 뒤집어 세상에 날 수 있으므로, 오늘날의 궁핍은 조금도 걱정할 것이 못 되었다.

중인은 중인대로, 아전은 아전대로 각 계급에 속한 특권이 있으므로 가업을 이어 일할 수만 있다면 의식주가 궁핍할 일은 없었다. 게다가 한 집안이 상부상조하는 풍습이 있으므로, 집안에서 누군가 한 사람이 성공하기만 하면 그 사람에게 의지하여 사는 데에 걱정을 하지 않았다. 상민은 가렴주구가 심하기도 했지만 굳이 돈을 남겨 부를 쌓고자 하지 않았는데, 그렇더라도 제 배를 채우는 데에 방해가 될 것은 없었다. 향촌에는 향약이 있고, 친족끼리 서로 구제하는 법이 있어서 주변으로부터 개인의 생활을 부양하니 여유 있게 살 수 있었다.

또한 갑오년 이전까지 조선 향촌에는 돈이 없더라도 인정 넘치게 베풀기를 아까워하지 않는 풍속이 있었다. 실제로 한 향촌에서 나고 자라서 부도덕한 일을 하여 쫓겨나지 않는 한, 상당한 나이에 이르면 향촌 사람들의 도움에 기대어 한 집안을 이룰 수도 있었다. 그리고 이와 같이 여유 있는 생활을 향유할 수 있는 것은 비단 조선만이 아니라, 유교로 나라를 다스리고 농본주의를 택한 국가에서는 공통되는 장점이기도 하다.

넷째 조선인들은 가난에 길들어 있다는 데에서 그 원인을 찾을 수 있다. 앞서 거론한 바와 같이 조선인 대다수인 상민은 아무리 일을 해도 부유해질 수 없는 처지에 있었다. 가난은 누구나 겪는 일이고 당연한 것이었다. 가난을 극복하고자 해도 그럴 수가 없었다. 금년에 내년의 계획을 세울 수 없는 것은 물론이고, 오늘 내일의 계획을 생각할 수조차 없었다. 사람이란 한 번 거지의 무리에 들어가면 다시는 나올 수 없다고 한다. 세상에 거지만큼 의식주에 대해 낙천적인 자들은 없다. 그리스의 디오게네스Diogenes(?~기원전 320)는 철학적 사색을 거듭한 끝에 몸소 거지의 생활을 하여,

알렉산더 대왕(기원전 356~323)이 세계를 정복하고자 하는 큰 야심마저도 비웃었다고 한다. 조선인의 낙천성은 디오게네스의 철학과 경우가 다르다고 하겠다.

제3장 _ 조선인의 특성에 대한 보론

　이상 서술한 열 가지 가운데 '사상의 고착'과 '사상의 종속', 즉 사대주의란 아마도 조선인의 가장 근본적인 두 가지 큰 특성이라고 하겠다. 이미 1천 년 이상 일관되게 항상 조선의 사상과 신앙에 특색을 부여해 온 것은 바로 이 두 가지 특성이다. 이것은 조선인이 조선 반도에 사는 한 영원히 지속될 특성이라고 하겠다. 설령 일시적으로나마 외래의 세력으로 인해 동요하여, 일본인처럼 항상 신기함을 탐구하는 듯이 보이더라도 그것은 결단코 일시적인 풍조에 불과한 것일 터이다. 머지않아 새로운 사상 가운데에서 어떤 것을 선택하여 그것에 집착하고 고수하면서 또 몇 백 년이 지나갈 것이다.

　그러면 오늘날 조선인이 새롭게 집착하는 사상이 있는

가. 나는 아직 그러한 것을 발견하지 못했다. 오늘날 조선인의 생활은 마치 큰 폭풍우를 만나 표류하는 듯하다. 그것을 진정시키기까지는 상당한 세월이 걸릴 것이다. 조선인의 사상이란 오로지 유교, 특히 정주程朱의 사상을 그대로 옮긴 것으로서, 조선적인 사상이 사라진 것도 이미 1천 년 이상이나 되었으므로, 이를 대신하는 새로운 사상이 주어지지 않는 한 당분간 유교의 권위가 절멸絶滅하는 일은 볼 수 없을 것이다. 유교는 단지 도덕이나 정치학으로서 조선인의 마음을 지배했을 뿐만 아니라, 조선 사회 전체를 유교 교의의 틀에 용해시켰다. 어떤 것도 단기간 내에 유교를 전복시킬 수는 없다.

다만 오늘날에는 각급 학교의 학생들이 한문의 가치를 경시하는 일이 해가 갈수록 더해지고 있다. 또한 일본인 교사들 가운데에도 한문을 독해할 수 있는 이가 많지 않다. 한문이 새로운 생활에 필요하지 않다는 것을 몸소 보이고 있는 것이다. 이렇게 십수 년이 지나 오늘날 학교 졸업자가 사회의 실질적인 세력을 형성하게 되면, 조선도 일본의 뒤를 따라 한문은 단지 사상과 문헌으로만 남게 될 것이다. 이것은 조선인이 중국 사상의 구속으로부터 벗어나는 것을 전제로 한다.

그런데 유교의 권위가 쇠퇴하면 어떤 사상으로 이를 대신하여 조선인을 지배할 수 있는가. 조선인에게는 독창적인 능력이 없으므로 일본인이 그러한 사상을 부여하지 않을 수 없다. 그렇지 않으면 조선인의 사상계도 또한 오늘날 일본인의 사상계와 마찬가지로 바람에 떠다니는 부평초와 같게 될 것이다.

형식주의, 심미관념의 결핍, 문약, 당파심, 공사 혼동의 여섯 가지 특성은 일본의 통치가 해를 거듭하면 점차 사라질 것으로 기대할 수 있다. 그렇지 않으면 일본은 조선인에 대해 부액扶腋하고 지도할 책임을 다하지 못했다고 하겠고, 그에 대해 변명할 말도 없을 것이다. 세간에는 종종 조선인의 특성 가운데 어두운 면만을 보고 흔히 열등민족이라고 간주하고, 경멸하고 천대하면서 찬찬히 살펴보려고도 하지 않는 이들이 있다. 이렇게 좁고 동정심 없는 마음가짐으로는 조선인을 동화시킬 대업을 성취할 수 없다. 조선에 거주하는 일본인은 조선인이 지금까지 악정에 시달린 결과 길러진 어두운 성질을 선정善政과 우수한 일본 민족의 감화로 씻어내어 일본인에게 동화시키는 동시에, 조선민족을 향상시킬 의무를 자각해야 한다. 특히 관리와 언론인들이 그리해야 한다. 만약 일본인이 이러한 마음가짐을 가지고 있지 않으면, 일본인은 식민지 경영을 할 능력이 없다고 할 수밖에 없다.

관용과 위엄, 순종, 낙천성 이 세 가지는 조선인의 아름다운 자질이라고 간주해야 한다. 조선인의 결함과 단점을 씻어내는 동시에 아름다운 자질을 보존하는 일은 적극 장려해야 한다. 그러나 나는 이 세 가지 아름다운 자질이 앞서 거론한 여섯 가지 단점을 씻어내기 전에 서둘러 사라져 버리고 말까 두렵다. 왜냐하면 이 세 가지 아름다운 자질은 마치 일본인이 결여한 바로서, 일본인이 조선인에게 주는 감화란 항상 그러한 자질을 쓸어 없애 버리기 때문이다. 이미 눈앞에 자명한 사실로서, 양반의 걸음걸이가 점차 찬찬함을 잃고, 담뱃대의 길이도 해마다 짧아지지 않는가. 문명은 인간의 생활 욕구를 증진시키므로, 분수에 만족하는 데에서 비롯한 낙천주의는 점차 유지하기 어렵게 된다. 유교의 권위가 쇠퇴하면 사회 질서는 점차 정연함을 잃고, 개인의 권리를 주장하는 사상만이 왕성해져 순종의 덕목은 사라지게 된다. 앞으로 십수 년이 지나면 이 세 가지 아름다운 자질은 마치 구름처럼 흩어지고 안개처럼 사라질 것만 같아서 두려움을 금할 수 없다.

그러나 나는 스스로 반성하건대, 또한 일본인의 조선인에 대한 진정한 감정의 고동을 듣건대, 일본인이 반드시 조선인을 동화시켜 조선인도 결국 일본인이 될 것으로 믿는다. 물론 일본인의 이익이라는 관점에서 보더라도 조선인을 동화시키지 않으면 안 된다. 또한 조선인의 이익이라는 관점에서 보더라도 동화시키지 않으면 안 된다. 또한 감정의 관점에서 보더라도 일본인은 조선인에 대해 다른 어떤 문명국의 사람들보다도 인종적으로도, 민족적으로도 차별감을 덜 느낄 것이다. 조선인 생활에도 가장 훌륭히 견뎌내어, 도시를 떠난 시골에서도 많은 일본인들이 조선의 가옥 구조에서도 아무렇지 않게 잘 지낸다. 나 자신도 조선에서 산 13년 동안 겨우 3년을 제외하고는 항상 조선식 가옥에서 살았다.

그런데 노회하고 간교한 서양인 선교사들은 조선인에 대해 온유하고 연민의 마음으로 사랑하며 아무런 차별도 하지 않는 듯하다. 하지만 그러한 태도의 대부분은 선교사라는 직업을 소중히 한 데에서 비롯한다기보다는 미리 계산된 행동이거나 가식이다. 조선인은 야만적이고 몽매하여 마소나 다를 바 없는 인종이라고 매우 경멸하는 것이 그들의 속마음이고, 이는 다른 인종에 대한 그들의 일반적인 감정보다 더 나을 것도 없다.

이러한 태도를 우리들 조선인 교육에 종사하는 이들의 마음과 비교해 보자면 사뭇 다르다. 우리들 가운데 절반 정도는 스승과 제자가 서로 이해가 부족하여 종종 차별의 감정을 일으키곤 한다. 하지만 오래지 않아 서로를 충분히 이해하고 한 몸이 되어 결코 다른 민족을 가르친다는 느낌을 잊게 된다. 아마 오늘날 우리의 동료 가운데에 조선인 교육이 아닌 일본인 교육으로 옮겨가고 싶어 하는 이는 아마 한 사람도 없을 것이다. 서양인이 주재하는 학교에서는 교무를 거의 전부 계약적 관계에 있는 조선인에게 맡기고, 자기는 대단한 저택에 살면서 굳이 학생들과 접촉조차 하지 않는다. 이들을 우리 일본인과 결코 비교할 수는 없다.

그러므로 아무리 시세에 반대하는 조선인이라도, 만약 일본의 지위를 러시아·독일·영국이 대신한다면 어떻겠는가 하고 반문한다면, 누구라도 지금이 도리어 조선인을 행복하게 할 것이라고 답할 터이다. 따라서 조선인과 동화해야 할 이로서는 세계에서 일본인이 가장 충분한 자격을 지니고 있다고 하겠다. 그리고 이 일이 대단히 어렵다는 것은 지금까지 논한 조선인의 특성을 통해서 분명히 알 수 있다. 이야말로 조선인 교화의 사업이 대단히 어려우면서도 또한 대단히 흥미로운 이유이다.

하지만 나는 많은 실제 사례에 비추어 보건대, 문명의 정도가 낮은 민족이 정도가 높은 민족과 접촉할 때에는 우선 장점을 취하기보다는 단점을 취하는 경우가 훨씬 많다고 생각한다. 왜냐하면 문명의 정도가 높은 민족의 장점은 오랜 세월에 걸친 수양과 노력의 결과 얻은 것으로, 심원한 근저를 지니고 있어서 다른 민족이 결코 하루아침에 모방할 수 없기 때문이다.

이와 반대로 결점은 많은 경우 장점에 수반하면서도, 얕고 가깝고 눈에 잘 띄어서 매우 쉽게 본받을 수 있다. 이는 붓글씨를 배우는 사람이 먼저 본보기가 되는 글씨의 외양은 배우기 쉬워도, 그 법도와 기력은 쉽게 배울 수 없는 것과 같다. 일본이 메이지(明治) 초기에 서양에 심취했던 당시의 상황이나, 일본이 타이완을 통치한 초기에 일본어를 배운 타이완인들이 일본인의 결점만을 따라하여, 일본인들도 타이완인들도 혐오했던 사정 또한 그 이치에서는 마찬가지이다. 그리고 일본인은 자못 흉과 허물이 많은 국민이다.

나는 조선인이 일본인에게 동화하여 일본인의 장점을 취하기 전에 우선 결점과 단점을 본받아 가장 낮은 등급의 일본인이 될까 매우 우려한다. 조선인의 특성을 서술하면서 이 또한 보론으로 덧붙여 쓴다.

제4장 _ 조선인의 특성에 대한 종합론

조선의 특성에 대한 나의 연구는 4년 전의 원고로 거슬러 올라간다. 이후 조선의 자연 현상에 대해서는 특별한 변화를 볼 수 없으나, 조선인의 심리현상에 대해서는 분명한 변화를 볼 수 있다. 어떤 이들은 오늘날의 조선인을 보고 4년 전의 모습과는 다르다고 한다. 그런가 하면 어떤 이들은 1919년 3월 폭풍처럼 발발한 독립운동을 원동력으로 인심이 마치 큰 파도가 몰아치듯 하여, 남녀노소, 사농공상, 유식한 자와 무식한 자를 가리지 않고 조선인 대부분이 배일排日 사상의 세례를 받게 된 것을 본다. 그리고 그러한 독립운동은 어느 정도의 준비가 있었고 조직적으로 일어났으며, 주모자들도 어느 정도 담력과 혈기가 있었다. 그러므로 동요하기 쉬운 특성을 지닌 일본 본국의 조선 통치에 대한 여론에도 큰 진동을 안겨 주었던 것으로 보인다. 그래서 나는 당시의 실정과 이후의 사태를 깊이 살펴보고, 본론의 결론을 크게 바꾸어야 할 필요가 있다고 보았다.

어떤 이들은 작년 독립운동의 발발로 인해 조선인의 특성 가운데 '순종' 항목은 사정이 달라졌다고 비난하기도 한다. 하지만 작년과 같은 시국에서는 아무리 순종적인 민족이라도 계획에 따라 운동을 일으킨 것은 당연하다고 하겠다. 오랫동안 품고 있던 본심을 한 번 토로하고 운동을 감행하여, 그 재앙이 오늘날까지도 여전히 남아 여러 불온한 사건을 일으키는 것도 당연하다고 하겠다. 그러니까 작년 봄의 독립운동은 조선 반도 밖에서 다른 사회의 사상과 감정에 감염된 청년들이, 항상 마음에 품고 있던 희망 혹은 공상을 시현할 만한 기회가 왔다고 경솔하게 믿고, 선각자나 신지식인으로서 조선에 거주하는 청년들 혹은 종교단체 구성원들에게 경솔한 신념을 마치 실현 가능한 것처럼 선전한 결과 일어난 것이다.

그리고 조선의 청년과 종교단체 구성원들은 더욱 그 정도를 넘어서, 그러한 신념이 이미 실현된 것인 양 우물 안 개구리처럼 생활하는 무지몽매한 도시와 시골의 민중들에게 선전했다. 이렇게 힘으로는 매우 약해도 양으로는 자못 많은 조선인들이 독립운동을 일으키게 되었다. 그것은 이를테면 평소 호랑이가 나타날까 두려워하는 산골 마을의 무지한 백성이, 사실은 큰 벌레 한 마리가 나타난 일인데도 어느 날 아침 꿈결에 무서운 호랑이가 오는 소리를 듣고 놀라서, 문이란 문은 모두 닫아걸고 벌벌 떠는 것과 비슷한 이치이다.

다만 애초에 조선의 선전자들이 조선의 독립을 결코 불가능한 일이 아니라고 가볍게 속단했던 것은 제1차 세계대전의 막바지에 일시적으로 동양과 서양의 약소국민이나 열등민족 사이에서 일어난 이기적인 사상 탓으로, 굳이 조선 청년만의 책임은 아니라고 하겠다. 그리고 그 실제의 이치를 무시한 그릇된 생각으로부터 비롯한 잘못된 신념을 가능한 일인 양 굳게 믿고 이미 이루어진 일인 것처럼 민중에게 선전하기에 이르러, 어느 대국大國의 원조가 있다는 듯이 암시하거나 혹은 공공연히 알리기에 이르렀다.

이것은 내가 본론에서 조선인 민족성의 가장 근본적인 원인으로 꼽았던 사상의 종속, 그러니까 사대주의가 현저하게 드러난 것으로서, 오늘날 조선 청년 가운데 어떤 부류는 옛날 조선인이 중국 사상에 종속되어 중국을 향해 사대주의를 취했던 것과 마찬가지로, 미국 사상에 종속되어 미국을 향해 사대주의를 취하고 있다. 이는 실로 신라 시대 이후 조선인 민족성의 가장 큰 특성을 근간으로 생겨나서 자라난 사상의 문제인 이상, 장래 일본의 조선 통치에도 가장 큰 위협과 불안을 안겨 줄 것이다. 그리고 이것이 조선에서 일본인의 손으로 일본인의 바른 사상으로써 교화하는 정책을 통치 백년의 대계로 삼아야 하는 이유이다.

어쨌든 작년의 독립운동이란 앞서 서술한 경위로 인해 일어났으므로, 특별히 조선인의 특성 가운데 순종성을 제외하기에 충분한 실증적인 사례로 간주해도 무방하다. 돌이켜 보건대 독립운동이 살벌하게 웅비하여 무력화한 것은 1907년 한일신협약韓日新協約에 분개하여 일어난 의병의 소요이다. 당시는 오늘날과 달리 세계의 이목이 일본에 집중되지 못하였으므로, 의병 사건에 대해서도, 소요를 진압하기 위한 일본군의 조치에 대해서도 특별히 여론이 들끓는 일이 없었다. 그리하여 일본인들이 생명과 재산의 불안을 느끼고 조선인 반 이상이 소란 상태에 빠져 있었던 일도 알려지지 못했다. 실제로 어떤 때에는 경성 동대문 밖 1리 근방까지 무장한 의병 한 부대가 쳐들어오기도 했다. 의병 소요의 진압에 나선 일본군도 처음에는 분명奔命에 지쳐서 전과를 거두지 못했고, 무기력한 백성들은 소박한 밥과 반찬으로 의병을 맞이하는 형국이어서, 언제 소요가 진정될지 몰라 모두들 근심 걱정하였다.

그러다가 만 2년여가 지나자 의병은 흔적도 없이 사라졌고, 온 마을이 비도匪徒였던 불령不逞 촌락들도 마침내 평범한 양민들의 농촌으로 돌아가, 관청의 명을 어기지 않고 두려워하는 상태가 되었다. 다만 의병의 소요는 조선 남부의 유생들을 중심으로 하여 국외와 연계하였으나, 이번 독립운동은 평안도를 중심으로 다시 국외와 연계하여 일어난 차이가 있다. 이 점에서 한층 심각한 내구적인 성질을 지닌다고 하겠다.

그런데 평안도 사람들이란 다른 지역의 조선인들에 비해서 음험할 뿐만 아니라 날래고 사납고, 일본인과 비교하면 더욱 '순종'과는 거리가 멀다. 조선인의 지방지地方誌에 따르면 경기도, 충청도의 사람들은 사슴과 같고, 전라도 사람들은 여우와 같고, 경상도 사람들은 개와 같고, 함경도 사람들은 곰과 같고, 평안도 사람들은 호랑이와 같다고 한다. 만약 일본인과 비교해 본다면 조선인은 고양이와 같고, 일본인은 맹견과 같다고 하겠다. 조선조 5백 년간 평안도 사람들은 반골叛骨로서 문관 무관을 막론하고 관료로 임용되지 못했고, 항상 호남과 영남 출신 관리의 가렴주구와 압박 아래에서 눈물을 흘렸다. 게다가 평안도 사람들은 단결하여 이와 같은 불공평한 학정에 감히 저항조차 못했다고 한다. 도리어 경성의 세도가에 드나들며 만금萬金을 들여 가짜 품계를 빌고 가짜 벼슬을 사서 득의양양하게 고향으로 돌아온 이들이 허다했다.

오늘날 평안도가 오랫동안 질서 회복으로 고생하는 것은, 평안도인들의 성격이 급하고 사나운 데에서 비롯한다기보다도, 그리스도교의 융성과 만주·간도의 불순단체의 선동에서 비롯한 측면이 크다. 만주와 간도에 사는 조선인들은 이미 가문을 버리고 친척을 떠나, 황량한 마음과 굳은 성정으로 약육강식의 생활을 하므로 조선인 고유의 성격을 대부분 잃고 말았다. 그들이 평안도에 숨어들어 불순한 행동을 하는 것은 많은 경우 독립운동의 본래 취지를 떠나 영리를 취하기 위해서이다. 그러므로 국경 경비를 위한 특별한 조직을 만들어야 하는 까닭도 바로 여기에 있다.

나는 조선인의 특성을 보건대, 오늘날 유형무형의 불안정한 상태는 머지않아 지난날의 의병 소요가 그러하듯이 홀연히 자취를 감추고 잊힐 것이고, 다시 친일의 분위기가 조선인 전체에 감돌게 될 시기가 도래하리라 믿는다. 조선인은 자기의 마음가짐으로 인해 관헌의 경계를 받고, 내지인에 대해서는 물론 그들끼리도 마음을 놓을 수 없는 불안한 생활을 한다. 하지만 그것은 그들의 성정이 원래 바라지 않는 바이므로, 질서를 지키고 각자의 분수에 따라 편안하게 생활하게 되면, 그때서야 만족감을 느끼게 될 것이다.

다만 나는 이로써 조선인이 결코 충심으로 독립을 희망하지 않고, 일본의 통치에 심복하게 되리라고는 생각하지 않는다. 앞서 고착성을 거론한 장에서 서술한 바와 같이, 조선이 신라 시대 이래 1천5백 년의 역사에서 정치적으로 강력한 외국의 지배를 받은 것은, 고려 원종 대 원년부터 공민왕 대 초기까지 약 1백 년 정도이다. 당시 고려의 상하층 모두 얼마나 잘 원나라에 복종했던가. 국왕은 원나라 황제를 주군으로 섬기고, 부녀자들은 원나라 고관대작의 부인이나 첩이 되었고, 고려 시대 문신은 원나라에 가서 과거에 급제하여 원나라의 관직을 받았다. 또한 원나라의 제도를 고쳐 고려의 의복제도를 정하기까지 했고, 고려의 이름난 승려들은 원나라에 건너가 원나라 승려로부터 의발을 이어받았다. 이러한 고려인들 가운데 어느 누구도 원나라에 대해 불복하는 이들이 없었다.

그런데 공민왕 18년(1369) 명나라 태조 주원장朱元璋이 황제로 즉위하자, 갑자기 원나라의 의복제도를 버리고 정삭을 파龍하여 황급히 명나라의 속국이 되었다. 고려는 원나라의 지배를 받은 1백 년 동안 사실은 원나라의 간섭을 싫어했고, 원나라를 오랑캐로 보며 한족을 지배한 데에 분개했다. 그리고 이러한 속마음은 원나라에 대한 언동 가운데 드러내지 않았고, 원나라가 드디어 망하자 고려의 충심은 찾아볼 수 없게 되었다. 명나라는 조선에 대해 전무후무할 만큼의 은혜를 베풀었다. 역사가들의 주장에 따르면 임진왜란 때에 조선에 대한 명나라의 철저한 원조는, 명나라의 국력마저 기울게 하여 끝내 명나라가 망하는 원인 가운데 하나가 되었다고 한다. 그래서 조선은 명나라를 은근하고 각별하게 섬기고 충심을 다하여 신하의 도리로서 명나라에 복종했다.

하지만 아이신줴뤄(愛新覺羅) 씨, 그러니까 누르하치(奴爾哈赤, 1559~1626)가 돌풍을 일으켜 중원을 휩쓸게 되자, 갑자기 조선의 국왕과 신하들에게 두 마음이 생겨 점점 명나라에 대한 감정도 두 갈래로 나뉘었다. 결국 인조 대 병자호란 때 남한산성에서 항복하여 나라 전체가 청나라의 신하가 되었다. 그 이후에도 명나라에 절개를 지키는 적지 않은 유신(儒臣)들이 없었던 것은 아니나 대세를 움직일 수는 없었다. 따라서 고종 대 갑오년 일본에 의해 독립국이 될 때까지 표면적으로는 속국으로서 청나라에 예의를 다했다.

이것이 바로 조선의 사대주의라고 하겠다. 그렇다면 앞으로 상당한 기간 조선이 매우 안정되어 일본의 통치에 기꺼이 복종하더라도 망령되게 안심하고 태평할 수는 없다. 다시 시운이 바뀌고 파란이 일어나 조선의 인정세태가 들끓게 된다고 해도, 일본이 국력에 자신이 있는 한 당황하여 어찌할 바를 몰라 통치의 방침을 바꿀 필요는 없다.

나는 본론의 마지막 장에서 언급한 바와 같이, 조선인의 마음 가운데 한 부분은 일본화했고, 다른 한 부분은 미국화하여 일본인도 아니고 미국인도 아니게 된 것은, 무엇보다도 조선을 위해서도 또한 일본을 위해서도 우려할 만하다고 한 바 있다. 그리고 작년의 소요의 중심은 사실 이들 반은 일본화한 조선인, 반은 미국화한 조선인이라고 하겠다.

게다가 이후 내지에 유학할 청년들 가운데 대다수가 미국 교회에 다니고 있고, 그 수는 점차 늘어만 간다.

오늘날 일본의 이른바 사상과 감정의 문제란 반은 서양화한 일본인을 중심으로 일어나고 있고, 그들이 준동하여 국가와 사회의 질서를 문란하게 하고 있다. 반은 일본화한 조선의 청년들은 다시 반은 서양화한 일본인에게 영향을 받아 조선의 사상계를 혼란하게 하고 있다. 이러한 의미에서 반은 일본화한 조선인과 반은 미국화한 조선인은 일맥상통한다고 하겠다. 그들은 모두 파괴적이고 그릇된 자각자들이며, 선동적일 뿐만 아니라 사회와 개인의 진보의 순서를 무시한다. 앞으로 조선인의 행복을 가로막을 장본인이란 바로 이들이라고 하겠다. 조선에서 백년의 대계란 현재의 이들을 어떻게 처분하여 앞으로 그러한 부류의 조선인들이 생겨나지 않도록 가로막을 것인가 하는 데에 있다.

그러나 독립운동이 발발한 이래 지금까지 약 2년 동안 보아 온 실제의 증거들과 체험이란, 새로운 조선인들조차 독립에 대한 희망이 분명히 공상에 불과하다는 것을 깨닫기에 충분할 것이다. 이제 그들은 지적 판단으로서는 도저히 독립은 불가능하다는 사실을 인정하는 데에 주저하지 않는다. 다만 그럼에도 불구하고 남는 문제는 그들이 감정적으로는 더욱 독립을 바라고 또한 현재의 상황에 대해 반항을 하고자 하는 것이다.

그래서 조선 통치는 이제 지적인 계몽에 중점을 두는 대신, 감정적인 교화에 역점을 두어야 할 시대를 맞고 있다. 바꾸어 말하자면 지식을 감정의 지배 아래에 두는 제도, 즉 이른바 '마음heart' 문명을 촉진하는 정책을 세워 그들의 일본에 대한 감정을 융화시키고, 이로써 감정적으로도 독립을 포기하여 내선일체의 근본적인 의의에 귀의하게 해야 한다.

감정적인 제도, 즉 '마음' 문명의 촉진이란 무엇인가. 그것은 넓은 의미에서는 바로 교화제도라고 하겠다. 그러니까 종교와 교육이 바로 그것이다. 종교는 지식의 정도가 낮은 사회일수록 교화의 효과가 현저하게 크므로, 조선에서 종교정책의 가치는 내지보다도 훨씬 크다. 오늘날 조선의 종교제도를 미국인, 그리고 반은 미국화한 조선인과 정치적인 열망이 강렬한 조선인에게 일임하여 돌보지도 않는 것은, 실로 옆에서 다른 이가 코를 골며 자는 것을 묵인하는 꼴이다. 내지 종교인들의 궐기를 촉구하는 바이다.

조선의 교육제도는 내지의 제도와 비교해 보자면 거의 원시시대의 수준이라고 해도 과언이 아니다. 만약 조선에서 완전한 교육제도가 확립된다면 현재의 반은 일본화 한 청년들과 반은 미국화한 청년들 대부분, 그리고 그 가운데 가장 우수한 이들은 관리로서, 또 어떤 이는 실업가로서 충분히 내지인과 보조를 맞추어 조선을 바른 길로 나아가게 할 책임을 분담한 이들이다. 하지만 오늘날 조선 교육의 실상은 유망한 우리 편을 유력한 적으로 만들고 있는 형국이다. 조선의 지식계급 청년의 감정을 온화하게 하고 안정되게 하여 내선융화의 머릿돌을 놓게 하는 것은 바로 그들이 만족해 할 만한 교육에 있다. 그리고 교육은 성심성의를 지니고 학식이 풍부한 내지인 교육가가 그러한 교육을 담당해야 한다. 그래서 졸업자들이 혹은 조선에서 혹은 내지에서 재능에 따라 관계官界에서, 또 민간에서 활동하게 하는 것이야말로 유력한 방법이라고 하겠다.

물론 아무리 교화제도를 훌륭히 갖추더라도 불온한 청년이 약간 나오는 일은 면하기 어렵고, 경우에 따라서는 이들을 중심으로 한 독립운동이 일어나는 일도 있을 수 있겠다. 하지만 이들 불온한 청년의 수는 현재에 비해서 매우 적을 것이고, 그들을 중심으로 한 독립운동 또한 합리적으로 내선 관계의 근본적인 궤도를 벗어난, 예컨대 조선인 대우 문제와 같이 특별히 조선에게만 국한되어 일어날 종류의 일은 드물 것이다.

그러나 만약 이와 같은 종교적인 교화나 교육적인 교화를, 곧 동정과 박애 등과 같이 가장 아름다운 인류의 감정을 원천으로 하여 흘러나온 바로 하여, 청년들이 여전히 미국 문화를 흠모하고 미국인을 존경하고, 따라서 마치 저 옛날 오吳나라 육적陸積이라도 된 듯이 미국인의 거느림을 받고자 내닫는다면, 그리하여 실로 일본 문화가 힘을 잃게 된다면 그때에는 누구를 탓할 것인가.

1920년 12월 21일

제2부

「조선인」 전후의 민족성 개조론

제1장　　　조선 개조의 근본 문제

제2장　조선의 문화정치와 사상문제

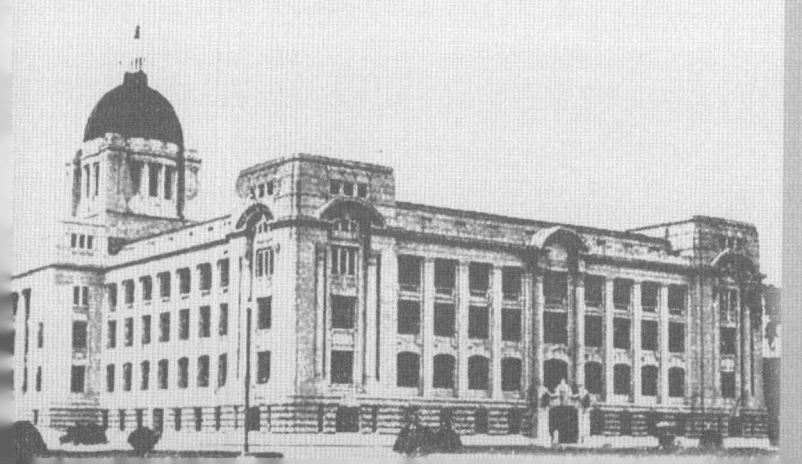

제1장 _ 조선 개조의 근본 문제

1. 진정한 조선 개조의 근본 문제

일본 개조의 문제는 1917년 4월 6일 미국이 드디어 참전하여 이 전쟁의 목적이 민본주의(민주주의)로써 전제주의, 귀족주의를 타파하고 없애는 데에 있다고 선언한 이후, 전 세계에 걸쳐 백일하에 일어나 범람하게 된 새로운 주의와 사상에서 생겨났다. 하지만 우리는 이러한 개조 문제가 참으로 우리나라에서 생겨날 필요가 있는지, 그리고 그러한 일이 가능한 사회 진보의 역정歷程을 거쳐 왔는지 의아해 하고 있다. 그러니까 자본계급과 무산계급의 현격한 불평등, 불공평을 기조로 한 이 개조의 부르짖음이 곧장 우리나라로 문자 그대로 수입되고 선전되어도 괜찮은 것인가에 대해 회의하는 것이다. 또한 정치적 민본주의, 사회적 민본주의를 철저하게 실현하면, 우리나라 고유의 가족제도와 국체관념에도 어떤 동요가 일어날 일은 피할 수 없을 터이다. 이처럼 중요한 문제를 두고도 이른바 신인新人 혹은 선각자로 자임하는 이들은 황망히 촌각이라도 늦을까 두려워하는 태도로 개조를 주장하고 있는데, 이것은 과연 신중하게 연구하는 국민의 태도라고 할 수 있는가.

민본주의는 정치적이든 사회적이든 이상하게도 전제적인 작용을 일으키는 사상과 그러한 사상의 권위의 현현이라고 할 대인격 아래에서 실현되는 듯하다. 그렇다면, 우리나라와 같이 개벽 이래 국민정신의 근저, 국민감정의 근원에서 이해利害, 논의도 초월하여 동의하고 복종하는 중심점을 지닌 국민만큼 행복한 이들은 없을 터이다. 그러니까 우리나라는 민본주의를 받들고 시행하려는 여러 나라의 인민들이 얼마나 많은 괴로움을 겪는가를 자세히 살피고 연구한 끝에야 도달할 국가 사회의 정신적 조직을 선천적으로 향유하고 있는 것이다. 또한 우리나라는 그러한 조직을 바르게 운용할 수 있고, 그러한 능력을 국민 개개인이 배우고 길러 원만하게 성숙시켰으므로, 뜻에 따라 요구하기만 하면 순식간에라도 내용의 차원에서는 실로 민본주의의 이상을 실현할 수 있는 국가이다.

그러므로 망령되게 국체와 제도, 역사의 차원에서, 마치 하늘과 땅의 차이가 있는 러시아에서 일어난 반동적 사상을, 마치 옛날의 승려가 패다라엽貝多羅葉에 바늘로 새긴 불경을 받들듯이 황송하게 받들어 국법의 체재마저 받아들이고자 하는 일은 도무지 이해할 수 없는 것이다. 역시 재계에 폭풍과 같은 불경기가 한번 덮쳐 오자, 홀연히 노동문제를 부르짖는 소리는 가라앉았다. 오늘과 같은 상황에서 러시아 과격파의 장래를 자신 있게 예상하는 신사상가가 있겠는가. 그래서 우리는 일본이 이 반동적인 사조에 덩달아 스스로 광란狂瀾과 노도怒濤의 소용돌이 가운데 뛰어드는 데에 도리어 심각한 우려를 지니고 있다.

하물며 조선과 같이 유치한 사회에서는 사실 아직 세계 개조 문제의 진정한 입김조차 닿지 않았다. 다만 사대주의의 누습에 따라 강대국이라 할 미국이나 보다 강대하다고 여겨지는 국제연맹의 원조를 예상하여, 민족자결이라는 마치 꿈만 같고 환상 같은 우발적인 사상과 운동이 발발한 것은 유감스럽기 그지없다. 따라서 조선사회의 진보 정도에서 이와 같은 주의와 사상의 변천과 혁신의 이해를 전제로 하는 개조 문제가 아직 제기되지 않은 것은 따라서 당연하다고 하겠다.

그리고 우리가 믿는 바에 따르면 조선 개조의 근본적 문제는 다른 데에 있다. 첫째 조선인을 구성하는 각 사회 활동의 능력이 자체의 가치를 자각함으로써 그 가치를 드높여 사회 활동을 더욱 왕성하게 하고, 다방면에서 그들의 모든 동력에 균형을 갖추게 하고, 동시에 그 동력이 정체되지 않게 하는 것이다. 둘째 조선인이 구성하는 사회를 정실情實의 누습으로부터 구해내어 실력 경쟁의 사회로 만드는 것이다. 이 두 가지가 진정한 조선 개조의 근본 문제이다.

사회 활동을 구성하는 동력에는 여러 가지 분류법이 있겠으나, 일단 여기에서는 사회력, 경제력, 지식력, 도덕력, 종교력, 정치력 이 여섯 가지로 분류하기로 한다. 사회유기체설이 등장한 이래 유기체인 사회의 활동은 결코 단순한 것이 아니라, 사회를 조직하고 구성하는 다양한 부분의 활동을 종합한 데에서 혼연일체인 사회 활동이 나타난다고 보게 되었다. 그러니까 앞서 거론한 다양한 동력이 작용한 데에서 사회적 활동력이 나타나고, 그 혼연일체로서 사회적 활동으로부터 사회의 진보와 발달을 기대할 수 있다. 따라서 진보한 사회에서는 다양한 동력이 각각 나름의 절대적인 가치를 자각한 데에서 작용하여 서로 균형을 지녀야 하는 것이다. 만약 어떤 동력이 상대적으로 미약하다고 해도 다른 동력이 완전한 작용을 하므로, 그 사회의 진보는 좀처럼 방해를 받지 않는다.

그러므로 발달 정도가 낮은 사회에서는 이러한 동력들이 균형을 이루지 못하고 어떤 것만이 우월하게 작용하여 다른 것은 이에 종속되는데, 그리하여 그 사회는 순조로운 발달을 이루지 못하게 된다. 이와 같이 편향된 활동이 이루어지는 사회에서 우월한 동력이 있는 부분이 하루아침에 쇠퇴하고, 침체하고, 부패하게 되면 다른 종속적인 부분들도 이에 따라 위축되고, 침체하고, 부패하게 되어, 결국 혼연일체로서 사회 전체의 진보적인 활동이 정지하기에 이른다. 이러한 전제에서 조선의 사회를 관찰해 보면 정치적 동력만이 우월하고, 다른 동력들은 모두 이에 종속되어 한번 정치가 부패하면 다른 모든 사회조직의 부분들도 함께 부패했다는 것을 알게 된다. 다음 조선 사회의 여섯 가지 동력의 강도, 그리고 정치력과의 관계를 검토하기로 한다.

2. 학문과 종교의 전통적인 정치적 구속에서 해방

조선과 같이 발달의 정도가 낮은 사회에서는 통제할 수 있는 차원에서의 사회력은 아직 발생하지 못했다. 환언하자면 아직 매우 낮은 정도의 전제적이고 귀족적인 사회에 불과하다. 따라서 사회력의 강도에 대해서는 논의할 필요도 없다.

다음으로 경제력은 어떠한가. 조선은 오늘날 인민의 팔할이 농업에 종사하고 있어서 경제적 발달은 원시적인 수준이다. 오늘날 각지의 부자라고 할 만한 이들의 부력富力도 자못 빈약한 것은 물론, 치부致富의 원천을 조사해 보면 대부분 정치적 수단을 이용하여 이권을 독차지한 데에서 비롯했음을 알 수 있다. 큰 부자는 국왕이나 중앙정부와 결탁하여 공공연히 혹은 암암리에 협잡과 수단을 쓰고, 작은 부자는 지방 관리와 결탁하여 가련한 농민을 착취하여 엄청난 부를 이룬 것이다. 조선 사회에서 경제력은 약할 뿐만 아니라 정치력의 종속에서 벗어나지 못했다.

최근 4, 5년 지속된 풍작과 곡물가의 폭등으로 인해 비로소 순수하게 경제력의 정도를 높였으나 아직 일본에 비하면 말할 나위도 없다. 또한 청년의 경제적 지식도 발달하지 못하여 상당한 자본을 지니고 착실하게 반도 경제계에서 지위를 다지는 청년 실업가는 그 수가 너무나 적다. 신문을 발행하고, 잡지를 발간하고, 여러 가지 단체를 조직하고, 불꽃놀이 같은 정치 운동에 뜻을 품고 분주하게 활동하는 청년의 수는 마치 우후죽순처럼 늘어나는 데에 비해, 여전히 조선인은 경제적 활동의 가치를 자각하는 일이란 요원하기만 하다. 또한 치부의 방법도 정상적인 경제적 방법보다는 가능하기만 하다면 옛날과 같이 정치적 수단을 이용하는 편이 그들에게는 쉬울지도 모르겠다.

조선 재래의 도덕은 곧 유교 도덕이다. 최근 신인新人을 자처하는 청년 등이 붓끝과 입으로는 유교 도덕을 공격하여 조선을 오늘날과 같이 위축되게 하고 부패하게 한 것은 모두 유교의 죄라고 역설한다. 특히 효도와 같은 것은 사람의 자녀를 옴짝달싹 못하게 하고 사람의 반생의 자유를 빼앗는 것이라는 대단한 공격의 불길이 일고 있다. 그러나 이것은 그들 사이에서만 통용되는 논의이고, 조선 사회에서 유교 도덕의 권위를 뒤흔들기에는 부족하다. 조선은 순진한 유교국이다. 귀신교인 무속도 불교도 노장老莊 사상도 일찍이 도덕의 측면에서 세력을 떨치지는 못했다. 유교의 교의를 가장 충실하게 문자 그대로 실현하고자 힘쓴 국가이고 사회였던 것이다.

유교 도덕은 정치와 일체를 이룬다는 데에서 특징을 지닌다. 정치가는 개인으로서 도덕가여야 했고, 그들은 도덕의 실천이란 치국治國과 평천하平天下의 공을 성취해야 비로소 완성된다고 믿어, 정치가이면서도 도덕가로서의 자격 또한 완성해야 한다는 결론에 이른다. 도덕을 근본으로 삼고 정치를 말단으로 삼았으나, 관록과 공적 혹은 업적을 존중한 결과 정치가 중심이 되고 도덕이 주변이 되었다. 그리하여 정치적인 분쟁에서 승리하기 위한 무기로서 도덕 논쟁을 하게 된 것은 조선 유교의 가장 큰 특색이다. 조선인은 예로부터 동방예의지국이라거나 소중화小中華라고 자랑스러워했는데, 형식 도덕 그러니까 예의와 정치가가 되는 목적을 이루기 위한 수양 이외 진정한 도덕의 권위에 대한 이해는 매우 부족했다.

다음으로 지식력은 곧 학문의 능력이다. 조선 사회에서는 예로부터 학문이라고 하면 문학 한 과목만을 의미한다는 점에서 중국이나 일본과 다를 바가 없으나, 이들 두 나라에 비해 한층 정치력 아래에 종속된 특색을 지닌다. 최근 1894년까지, 그러니까 오늘날 중년 이상의 조선인의 학문은 과거급제를 위한 학문이었다. 학자의 평생 과업이란 단지 고등문관시험에 급제하는 것이었다.

조선의 양반은 대신보다도 대제학大提學을 존중했다. 대학사大學士를 존중하는 중국의 선례에 따른 것이다. 그러나 대제학도 과거급제자가 진급하여 이르는 자리 가운데 하나였고, 특별히 임용되는 관직은 아니었다. 또한 벼슬에 나아가지 않고 오로지 도를 높이 숭상하는 학자를 높여 불러 문장文章이라고 하기도 하고 산림山林이라고 하기도 한다. 문장이란 대문장가를 의미하고, 산림이란 산림에서 뜻을 높이 숭상하여 국왕도 그의 학문과 도덕을 존경하는 나머지, 감히 신하로서의 의무를 요구하지 않는 대가를 의미한다.

그러나 그들 문장이든 산림이든 국가가 승인하는 이는

반드시 상당한 고위 관직으로 이들을 불렀는데, 본인이 관직을 고사하면 두 번 세 번이라도 불렀고, 두 번째에는 첫 번째보다 높은 관직으로, 세 번째에는 두 번째보다 높은 관직으로 불렀다. 그들은 국왕의 임관을 고사하여 마치 산처럼 굳게 움직이지 않았는데, 이후에는 국가나 사회로부터 그들이 받은 관직에 상응하는 예우를 받았고, 또한 그들 스스로도 위엄을 갖추어 처신하는 것이 통례였다. 그러니까 문장과 산림의 국가, 사회적으로 높은 지위란 절반은 이렇게 받은 관위官位에 불과하다고 하겠다.

또 조선에서는 예로부터 학문의 자유로운 연구가 생겨나지 못했다. 고려 시대는 일단 논외로 한다. 조선 시대의 학문계는 5백 년 동안 오로지 관학官學, 관교官敎가 지배했다. 건국 초기 불교를 배척하고 유교를 일으키는 데에 온갖 행정적 수단을 취하여, 불교 교리의 학문적인 연구마저 금지했다. 그리하여 과거의 답안에 일언반구라도 불법佛法의 냄새가 나면, 그 밖에 아무리 원만한 조건을 갖추더라도 낙제시켜 버렸다. 또한 불교 자체에 대해서도 도승법度僧法을 규정하여 정식으로 승려가 되고자 하는 이는 시험관 앞에서 『화엄경』, 『십지론十地論』이나 선문禪門과 염송拈頌을 강설講說해야만 했다. 따라서 화엄종과 선종 이외의 종학宗學은 간접적으로나마 탄압을 받게 되었다.

이후 조선 왕조가 흥성하여 주자학이 더욱 융성하게 되

자, 중종 대와 선조 대에 이르러 유종儒宗 이퇴계와 이율곡이 등장하여, 격렬하게 육왕학파陸王學派를 배척했다. 그리고 양명학을 노장 사상이나 선학과 다를 바 없는 것으로 보고 그들의 학문을 금지했다. 심지어 과거의 답안에 육왕의 학설과 노장의 문자가 섞여 있으면 무조건 낙제시켜 버렸다. 그러니 천주교나 도교 등 이른바 사교邪敎 연구가 엄격하게 금지되었던 것은 당연한 일이었다. 천주교의 서적을 읽고 교리를 연구한다는 것은 사대부를 위험에 빠뜨리고 사회로부터 배척당하게 하는 가장 날카롭고도 위험한 무기였다. 조선 시대 유수한 대학자로서 정조 대의 다산茶山 정약용丁若鏞(1762~1836)도 실로 천주교의 희생자 가운데 한 사람이다.

이와 같이 예로부터 조선인에게 정치력의 구속을 피한 학문의 자유로운 연구란 끝내 생각조차 할 수 없는 일이었다. 그러므로 학문을 위한 학문이라든지 진정한 학자의 이상과 생활이란 이해할 수도 없었다. 이러한 학문의 가치 판단이 오늘날 청년에게도 여전히 존재하는 것을 볼 수 있다. 우리가 아는 범위에서 학자적 소질을 지닌 청년이란 거의 사라져 버리고 겨우 적은 수만이 있을 뿐이다. 설사 있다고 하더라도 그들의 부형과 웃어른들에게 학자로서의 생활을 이해해 달라고 요구하기란 대단히 어렵고 사실상 불가능에 가깝다. 오늘날에도 조선 청년의 대부분은 학문을 엽관獵官

의 도구로 간주한다.

종교력이 박약한 것과 종교적 신앙이 잡스럽고 그릇된 것은 조선 종교의 특색이라고 볼 수 있다. 조선불교사에서 나타나는 신앙의 특색은, 본래 신라·백제 시대부터 조선 시대에 이르기까지 1천5백 년간 지위의 높고 낮음을 막론하고 모두 현세에서의 이익을 부처와 보살에게 기도하고 구한 데에서 비롯한다.

국왕은 국조國祚의 창성과 외적의 패배를 비롯하여 자신의 수복강녕壽福康寧을 얻기 위해 정성을 들여 불법을 믿었다. 그런데 국운이 다난하고 외적이 창궐하는 경우일수록 국왕과 대신들의 불심은 더욱 뜨거워졌다. 세계적인 국보로서 조선인의 신앙력이 놀랄 만큼 발휘된 합천 해인사의 대장경판은, 고려 고종이 원나라에 쫓겨 강화도에 피난한 기간에 원나라 군대를 물리치고 국운을 회복하고자 하는 큰 기원으로 만든 것이다.

당시 국왕과 신하들은 탑 하나를 세우는 일과 한 개 부대의 병사를 기르는 일은, 국방의 효과 측면에서는 마찬가지라고 태연스럽게 말할 정도였다. 하층민들의 불심도 이와 마찬가지로서, 질병의 치유, 입신출세, 자녀 출산 등의 복을 구하기 위한 것이었다. 이것이 곧 조선 시대에 이르러 국법이 아무리 불교를 탄압하더라도 궁정과 민간 부녀자 사이에서는 여전히 그러한 신앙의 흐름이 이어진 이유이기도 하다. 도교도 마찬가지이다. 고려 예종 대부터 조선 선조 대까지 소격서昭格署라는 도교의 국립 사당祠堂이 있었는데, 여기에서 관리인 도사가 제사를 지내고, 전심전력으로 국왕의 수복강녕을 기도했다.

이와 같은 신앙의 상황에서 흔히 불교도가 정치에 관여하는 일도 생기게 될 수밖에 없었다. 고려 말기의 괴승 신돈辛旽(?~1371)은 승복을 입은 재상으로서 결국 모반을 꾀했다고 한다. 불교도가 정치에 관여하는 일이란 곧 자신을 파멸로 이끄는 길이어서 유학자들에게 불교 배척의 좋은 구실을 주었고, 그리하여 신라와 고려 시대 9백 년 동안 전성기를 누렸던 불교는 하루아침에 마치 꿈처럼 스러지고 말았다.

조선 말기에 일어난 조선 특유의 종교도 깊이 연구해 보면 정치적인 협잡물이 섞여서 신앙에 정치적인 이해를 수반하고 있다는 것을 알 수 있다. 손병희孫秉熙(1861~1922)의 천도교가 동학 교조 최제우의 문도門徒 가운데 사공파事功派의 계보를 이어 정치를 종교에 이용했다. 손병희는 유력한 정치적 수단으로 자신의 종교를 널리 퍼뜨리고자 하는 야심을 품고 있었으므로, 종종 종교가의 영역을 넘어서는 언동을 하기도 했다. 그것의 사실 여부는 보증하기 어려우나, 천도교 신자 가운데 무지한 자들은 몇 해 뒤 천도교 신자들의 조선이 오면 손병희가 국왕이나 대통령이 되어, 신자들도 군수나 도지사의 자리에 저마다 임관되리라 믿었다고 한다. 지금 약간의 희사와 기부를 하면 그때의 이득이란 돈으로도 바꿀 수 없는 것이라고도 믿었다고 한다. 그들이 이처럼 잘못된 신앙에 빠져 있었다는 주장도 있다.

물론 천도교는 표면적으로는 조선 말기에 승려들 사이에서 널리 퍼져 있던 유불도 삼교통합의 교리를 표방하고, 아울러 불교의 밀교密教를 모방하여 현문顯門, 비밀문祕密門 이 두 문을 두고 상당한 종교철학의 체재를 만들어, 털끝만큼도 그러한 미신적이고도 몽환적인 혹언惑言을 드러내지는 않았다. 그러나 이와 같은 정치적 이익으로 신자들을 유혹한 것은 오로지 천도교만이 아니라, 그 밖에 경천교敬天教라든지 태을교太乙教라든지 훔치교와 같이 저급한 일반적인 조선의 종교들에서도 통하는 바이다. 이러한 종교에 입교한 이들은 그들 종교만의 독점적인 조선의 출현을 믿어, 모든 재산을 빼앗겨도 불평할 줄 몰랐다.

조선의 기독교도 역시 선교를 구실로, 선교사들이 배후의 국가원조의 힘을 빌려 관리와 양반의 가렴주구나 압박을 면하고자 하는 정치적 이익을 적지 않게 도모하고 있었던 것은 의심할 여지도 없다. 김윤식도 『운양집』에서 당시 기독교도를 일종의 대정부 독립 자위당으로 간주하여, 선교사들이 관헌에 대해 신자를 비호하고 선교사의 힘이 부족하면 외교관의 힘까지 빌려서라도 집요하게 그들의 무리를 비호하고자 하는 데에 분개했다. 그래서 정치와 종교를 반드시 구별하여 아무리 기독교도라고 하더라도 보통 백성들과 마찬가지로 소송이나 범죄가 있는 경우에는 조선 관리의 구속 수사에 따르도록 해야 한다고 통렬하게 논한 바 있다. 이것은 조선 고종 대 초기의 상황이지만, 오늘날에도 그러한 습속이나 분위기는 사라지지 않아서 선교사와 신자가 암암리에 서로 이용하는 듯한 의심을 품을 수밖에 없는 사건이 발표된 적도 있다.

이와 같이 조선인의 사회에서는 아직도 정치적 세력의 구속으로부터 벗어나지 못한 지식력, 그러니까 학문의 독립적인 가치와 권위에 대한 이해가 이루어지지 않고 있다는 것을 알 수 있다. 또한 정치적 이익에 더러워지지 않은 순수한 종교적 신앙으로부터 넘쳐나, 사회 인심의 원천을 맑게 하는 종교력의 발현도 찾아볼 수 없다. 조선 사회는 정치력 일색으로 이루어져 정치 하나로 지탱되고 있는 것이다. 매우 단순하고 원시적이다.

그래서 일단 정치가 부패하여 악정이 일어나면, 한 군데도 남김없이 사회 전부가 거의 동시에 똑같이 그 폐해를 받아서 부패하고 쇠퇴하여 활동을 멈추게 되고, 자립 자존할 수 없게 된다. 특히 학문의 권위를 인식하지 못한 사회에서 진정한 자발적 진보 발달이 이루어질 리가 없고, 순수한 종교적 신앙을 경험해 보지 못한 이에게 경건하고 정성을 다하는 감정이 생겨날 리가 없다.

우리는 조선이 학문과 종교의 전통적인 정치적 구속에서 해방되는 것이야말로 조선이 진정한 진보의 가능성을 지닌 사회로 개조되는 의미 있는 첫걸음이라고 믿는 바이다. 이 개조, 그러니까 정신적 개조가 이루어져야 비로소 조선인 학생의 학업 태도가 진지하게 되고 착실하게 되어 조선 교육의 근본이 설 것이다. 또한 종교에 수반된 여러 가지 어려운 문제가 해결되고, 정치가와 종교가가 서로 흉금을 터놓고 손을 맞잡고 협력해야 조선인 교화에 힘을 다할 수 있다.

3. 조선 교육제도의 개정과 종교대학의 설립

그러나 이러한 개조를 실현하기 위해서는 반드시 조선의 교육제도를 개정해야 하고, 나아가 대학을 세워야 한다. 또한 반드시 일본의 종교가가 일어나 조선 포교에 종사해야 한다. 조선과 가까운 이웃인 후쿠오카(福岡)만 해도 제국대학이 있고, 야마구치(山口) 현에도 고등학교가 있다. 그러나 조선에는 겨우 보통학교 4년, 고등보통학교 4년, 전문학교 3년 모두 합해 11년에, 만 8세에 입학하여 19세에 수료하는 학제를 시행하고 있을 뿐이다. 게다가 조선의 제도와 내지의 제도 사이에는 어떠한 관련도 없다. 대학이라는 간판을 내건 학교는 모두 미국 선교사가 경영하는 것뿐이다.

사정이 이와 같으니 조선인 청년에게 학문의 권위를 알리고 학업에 진지하게 임하라고 권해도, 병아리에게 알을 낳으라고 하는 것이나 다를 바가 없다. 일단 일본에 건너와서, 그러니까 조선 해협을 건너서 유학한 청년들이 조선의 교육제도에 대해 불평을 하지 않는 이가 없는 것도 반드시 무리는 아니다. 이것은 입장을 바꾸어 놓고 생각해 보면 쉽게 알 수 있다. 우리는 대학의 문을 거쳐 비로소 학문의 진정한 가치를 알게 되어 그 권위를 깨닫고 자기 스스로 학자로서 뜻을 세웠다. 일본에 대학이 없어서 전문학교 이하로 학업을 마친 후에 외국에 가야 한다면, 학생의 연구심이 과연 얼마나 생기겠는가. 이러한 경우에는 일본의 학생들도 모두 그저 상식적인 사실에 대해서만 두뇌를 쓰게 될 것이다. 그저 편향되게 정치적으로 어긋난 비분강개나 운동에만 몰두하게 되어, 소중한 한평생을 헛되게 보낼 것이다.

조선의 교육제도 개정 여부와 상관없이, 조선 청년 사이에서 일어날 민족사상에 근간한 다음의 세 가지 의견을 결코 없앨 수는 없다. 첫째 조선을 독립 국가로 만들지 않으면 안 된다, 둘째 일본의 속국으로서 조선인들의 책임 내각을 만들어 외교와 국방 이외에는 자치하도록 한다, 셋째 현재 상태를 유지하면서 점차 지식과 생산을 개발하여 내선일체를 이루어 본국의 참정권을 얻어야 한다는 것이다.

이것은 인도의 선례를 보더라도 의심할 여지가 없다. 현재 인도에서는 두 번째의 의견을 지닌 지식 계급의 청년이 가장 많은 듯하다. 조선에서는 일본인의 이주가 왕성해지면 일본과 거리가 가까우므로 세 번째 의견을 지닌 이들이 대부분을 차지할 수 있고, 또한 반드시 그렇게 되어야 한다. 그러므로 이러한 목적을 이루기 위해서 조선의 교육, 즉 내지와 조선의 준수한 청년들이 함께 공부하는 교육을 추진하지 않는다는 것은 모순이다. 또한 조선은 원래 귀족적인 사회이므로 국민교육의 충실, 의무교육의 시행을 기대한 후에나 비로소 고등교육기관을 세워야 한다는 등의 주장은, 영원히 고등교육기관을 세우지 않겠다는 것과 마찬가지이다.

자질이 있고 우수한 청년은 모두 서양인이 경영하는 이름난 사립학교에 가서 사상을 서양화하게 되거나, 아니면 일본의 학교에 가게 된다. 서양인의 학교는 물론이고, 일본의 학교도 여러 가지 면에서 조선인에게는 적당하지 않다. 또한 일본의 학교를 조선인에게 적당히 상황에 따라 운영

해 달라고 주문하는 것도 무리이다.

    고등교육을 받은 이의 사상문제란 곧 그들의 생활문제와 보수문제이고, 이것은 또한 특별히 연구해야 할 문제에 속한다. 그리고 이 문제를 신중하게 연구해야 하는 이유는, 인도의 대학졸업자의 일반적인 사상에서 찾을 수 있을 것이다. 그리고 이것은 장래 일본 전국의 큰 문제이므로, 비단 조선의 한 대학에 국한된 문제만이 아니다.

    조선의 여러 종교는 조선에서 비롯한 종교이든, 기독교이든, 그 밖에 어떤 것이든 나름의 역사를 지니고 있고, 그 신앙을 순수한 상태로 되돌리는 일은 대단히 어렵다. 작년의 소요 이후에는 한층 그 역사적 특색을 농후하게 지니게 되어, 그것을 씻어내어 순백의 신성한 종교가 되게 하는 일은 대단히 어렵다. 물론 이것은 기독교의 경우를 두고 말하자면 서양 선교사의 의견을 유일한 이유로 삼지 않고, 그 아래에서 일하는 박봉에 무학無學의 조선인 목사 혹은 신자들의 지도자 등 이른바 교회 회원들의 집단이 형성하고 발효시킨 일종의 군중심리와도 같다. 천도교의 경우라도 아마 마찬가지의 심리가 형성될 것이다.

    따라서 순수한 종교적 신앙으로 영적인 것을 근간으로 한 종교적 세력을 조선인 사회에서 수립하고자 한다면, 반드시 새로이 일본의 종교를 수입하여 아직 진정으로 고원高遠하고 유현幽玄한 교리에 접하지 못한 조선인, 특히 청년들에게 포교하여 그들을 교화해야 한다. 이 가운데 여러 교파가 앞으로 포교하기를 바란다.

일본의 종교사로 보건대, 서양에 심취했던 메이지 초기에는 일시적으로나마 기독교가 부흥했다. 그러나 이후 불교가 다시 부흥하고 또 대학에서도 불교를 동양철학으로 가르치면서 점차 수그러들고, 결국 오늘날 부진한 상태에 이르게 되었다.

그러므로 조선도 역시 우리 불교계의 좋은 활동무대가 되리라고 믿는다. 그리고 포교의 방법은 반드시 직접적인 방법과 간접적인 방법 모두 이용하여 사찰의 포교소 이외 불교철학, 불교문학 등 불교문화를 널리 알리고 가르치는 종교대학을 경성에 설립해야 한다. 그리하여 여기에서 내선 학생을 수용하여 부단히 조선인 신앙 정화의 원천으로 삼아, 몇 해 지난 후에는 그 흐름을 조선 13도 구석구석까지 침투시켜야 한다. 이러한 종교대학은 오로지 조선인 교화만이 아니라 동양문화의 연구에 대한 일본의 권위를 조선인에게 알리고, 그들로 하여금 일본의 학문에 탄복하게 하는 중대한 시설이 될 것이므로, 당연히 불교의 각 종파가 협력해야 할 뿐만 아니라 민간의 유지들과 정부도 이에 상당한 보조를 해야 할 것이다.

4. 정실 사회에서 실력 경쟁의 사회로

　　조선 개조의 근본 문제 가운데 두 번째 문제는 정실 사회를 실력 경쟁의 사회로 만드는 것이다. 정치적 동력만이 우월한 지위를 차지한 사회에서 정치의 부패는 곧 사회 전부를 부패하게 한다. 정치의 부패는 공사의 혼동으로부터 비롯한다. 공적인 이기利器를 사적인 이기로 삼고, 공적인 이익을 사적인 이익으로 삼고, 공적인 정당을 사적인 정당으로 삼고, 공적인 분쟁을 사적인 분쟁으로 삼기에 이르면 정치는 부패하게 되는 것이다. 그리고 이러한 사회에서는 사회 전부가 공사를 혼동하여 그것을 보편적인 도리로 인정하여, 사농공상을 불문하고 참으로 사람과 사람의 교류나 거래는 모두 정실에 의해 결정되기에 이른다.

　　조선 정치무대의 기초는 과거제도에 있다. 그리고 과거제도가 가장 노골적으로 공사 혼동을 드러내어 과거시험장이 가장 추악한 정실의 진흙탕이 되었다. 그래서 2백 년여 동안 조선 13도의 독서자讀書子는 모두 평생 열 번이고 스무 번이고 과거에 응시하여, 이 진흙탕에서 숨을 쉬고 흙탕물을 마셨고, 그 후로는 어떤 이는 관계에서 또 어떤 이는 강호에서 그들이 마신 흙탕물을 토해 내었다. 그러니 과거시험은 곧 정실교情實敎의 세례 의식이라 하겠고, 한번 과거시험에 응시한 이는 이후 정실교의 교리를 사방으로 떨치어, 다른 이들도 반드시 그 교리로 감화시키지 않고서는 견디지 못했다.

오늘날 중년의 조선인들 가운데에 조선 사회가 정실의 온상이라는 데에 수긍하지 않는 이들은 없다. 그리고 이것을 심각하게 수치로 여기지 않는 이도 없다. 그러니 청년들 가운데 참으로 뜻있는 이들 가운데 정실을 타파하고 실력 경쟁 사회의 출현을 환영하지 않는 이는 없다. 공명정대는 어느 나라의 정치에서나 제일의 금언金言이나, 특히 조선 통치에서는 조금이라도 이에 거스르는 실수를 해서는 안 된다. 이 '조금'도 사실은 엄청난 차이라고 하겠다. 조선인이 일본인 관리를 싫어하면서도 사실은 존경하고 복종하는 것은 바로 그 공명정대로부터 비롯한다. 특히 사법의 측면이 그러하다. 일본의 재판은 조선 재래의 관습을 알지 못하므로 조선인의 인정에 부합하지 않는 서운함은 있으나, 법률의 해석이나 운용의 면에서는 매우 공명정대하다고 신뢰를 받고 있다.

조선을 실력 경쟁의 사회로 개조하는 순서는 무엇인가. 두말할 나위도 없이 우선 학교의 수준에 따라 사람의 지식과 기능의 차이를 공정하게 판정하여, 상급학교 졸업자에게 사회에서 상급의 위치를 부여하는 것이다. 물론 다른 다양한 방법이 있겠지만, 이것이 가장 일반적이고 가장 기초적인 방법이라는 것은 부정할 수 없다. 바로 이 점에서 조선 개조의 두 번째 근본 문제도 결국 교육문제로 귀결될 것이다.

출전:『太陽』第16卷 第9號, 東京:博文館, 1920. 8.

제2장 _ 조선의 문화정치와 사상문제

조선에서는 이따금 흥미롭게도 발원지를 알 수 없는 하천을 볼 때가 있다. 그것은 몇몇 계곡 사이에서 나온 수맥이 땅 위를 흐르지 않고 어느 바위의 틈에서 솟아, 땅 속으로 흘러 들어가 제멋대로 누비다가 제법 멀리까지 흘러가서는, 지각의 높낮이에 따라 때로는 늪이나 습윤 지대로 흘러가거나, 또는 땅속 깊이 묻혀 어딘가로 내닫기도 한다. 예로부터 조선인들은 그들이 사는 지역 내의 지하수 수맥을 잘 알고 있어서, 그곳에 우물을 파서 물이 솟아나도록 했다.

경성부 내에도 역시 이러한 지하수가 흐르고 있는데, 이것은 북쪽에서 남쪽으로 흘러 북악산의 산기슭이나 인왕산 자락에서는 유명한 삼청동의 성제정星祭井 약천藥泉이나, 아현阿峴의 모하관정慕夏館井의 약천으로 솟아나고, 중앙으로 와서는 종로 서쪽 광교정廣橋井이 되고, 광화문 앞 예전 학부學部의 우물이 되고, 동대문 가까이에 이르러서는 종묘정宗廟井이 된다. 원래 조선이 이곳에 수도를 정한 이후 5백 년 동안 날마다 밤낮으로 맑고 시원한 물을 도성의 백성들에게 공급하고 있다. 경성에서도 시가지 아래 지하수의 양은 상당하다고 여겨진다.

그러니 들판에 수목이 빽빽한 곳에서는, 가령 땅 위의 하천은 마치 명주를 말린 듯 모래가 길게 말라붙어 있고 물기란 조금도 없이 고갈되어 있으나, 그렇다고 해서 땅속에도 물 한 방울 없다고 단정할 수는 없다. 내가 듣기로는 몽골의 사막에도 지하수는 상상 이상으로 풍부하다고 한다. 우리 일본 내지는 땅 위 도처의 하천이 넉넉하게 흘러서 물이라면 곧 땅 위의 물을 의미하고, 지표수 이외 어디에 물이 있는지 찾을 필요가 없는 국토이다. 이러한 나라가 조선을 통치하고자 하는 일이란 아마도 수박의 푸른 껍질을 붉은 과육으로 만들고자 하는 것과 비슷할 것이다.

1919년의 조선 소요는 마치 화산 폭발과 같이, 일시적으로는 온 나라의 인심을 긴장시켰고, 그리하여 조선 문제는 새롭게 일본의 매우 중요한 문제로서 국민 앞에 던져졌다. 이후 4년이 지나 눈에 띄는 동요도 없고 조선 통치는 평온 속에서 진전을 거듭하고 있는 듯하다.

그러나 나는 바로 저 지하수의 흐름이 무시할 수 없는 양으로 조선 13도의 산야에 흘러가거나 괴어 있는 것과 마찬가지로, 평온한 듯한 조선의 현상에서도 역시 일본 내지에서는 볼 수 없는 특별한 종류의 사상이 조선인의 마음 근저에 흐르고 있는 것을 본다. 물론 그것은 지하수인 이상 아직은 갑자기 홍수처럼 일어나 들을 삼키고 집을 떠내려 보내는 일은 없을 터이나, 후일 어떤 계기로 인해 각지에 흐르는 지하수가 합류하여 흘러넘치게 되어, 어딘가의 지각을 뚫고 엄청난 물의 힘으로 나타나게 될지도 모른다.

 그렇다면 오늘날 조선에서 경계해야 할 지하수와 같은 사상과 운동이란 무엇인가. 이것을 검토하여 설명하고자 하는 것이 이 논문의 목적이다.

1. 문화정치의 의의

 1919년 새 총독이 취임한 벽두에 문화정치를 제창하고 이를 일관되게 실천하여 오늘날에 이른 것은 주지의 사실이다. 조선이 오늘날과 같이 평온한 것은 문화정치의 소산이라고 할 수 있을 것이다. 특히 조선 통치에 대해 미국의 평가가 변화한 것은, 오로지 문화정치의 덕분이라고 보아도 무방하다. 이후 오늘날에 이르기까지 조선의 지식계급이라고 자임하는 재在 조선 내지인과 조선인들은, 조선 통치가 문화정치를 근간으로 한다는 데에 한 점의 의혹도 품지 않고 있다. 문화정치란 오늘날 조선의 보편적인 표어라고 하겠다. 그러나 문화정치란 과연 무엇을 의미하는가, 또 어떠한 내용을 요체로 삼는가를 묻는다면, 아직 분명히 이해하는 이는 적다고 하겠다. 특히 직접 문화정치라는 것을 경험하고 있는 1천5백만 조선인이 그러하리라 본다. 그래서 나는 이른바 조선의 문화정치라는 것의 의의를 검토해 보고자 한다.

우리가 이해하는 조선의 문화정치에는 두 가지 의의가 있다. 첫째 정치와 행정의 분위기와 방식이 문화적이라는 의미이다. 이 경우 문화적이란 무단적武斷的 관료와 정반대의 표현으로서 문관도 총독이 될 수 있는 제도가 성립되고, 관리가 일제히 제복을 벗고 허리에 찬 검을 풀게 된 분위기를 가리킨다. 이러한 의미에서 문화적 통치는 평민주의적 통치와 합치하는 것으로, 일반 조선인은 이전보다도 자유로운 기분으로 관헌이나 내지인과 접할 수 있게 되고 보다 많은 자유를 얻었다고도 할 수 있다. 예를 들자면 같은 사람이라도, 앞으로 나아가지 않는 누군가에게 "앞으로 나가!"라고 하면 무단적이고 관료적인 것이고, "앞으로 나아가 주세요."라고 하면 문화적인 것이다.

그리고 조선 통치에서 이러한 정책의 분위기와 방식의 변천은, 그것이 관리나 내지인의 조선인에 대한 태도의 기조를 혁신한 것이므로 대단히 큰 개혁이라고 보아야 한다. 물론 오늘날 아직 내지에서 온 지 얼마 안 된 내지인이나 다수의 조선인들은 여전히 조선에서는 관료적인 분위기가 농후하다고 할 것이다.

그러나 아직 지방자치제가 실시되지 않고 있고 민지民智의 수준이 매우 낮아, 조선에서 평민에 대한 관헌의 태도가 곧장 내지와 똑같아지기를 바란다는 것은 무리일 것이다. 그것은 마치 우리가 영국에 가서 그 나라의 관헌이 권위가 있으면서도 평민적인 태도를 지닌 데에 감동하면서도 일본의 관헌의 태도를 생각하고서는 염증을 느끼는 것과도 마찬가지일 것이다. 그러나 오늘날 조선 관헌의 분위기와 태도를 이전과 비교해 볼 때, 분명히 무단적이고 관료적인 분위기, 형식 그리고 태도를 적지 않게 떨쳐냈다는 것은 두말할 나위도 없다. 또한 앞으로도 더욱 이러한 의미에서 문화정치는 고조되어 진행될 것이고, 또 그렇게 해야만 한다고 본다.

둘째, 문화의 의미를 인간의 정신적·물질적 생활의 개선과 향상으로 보자면, 그것은 오늘날 일본인이 지닌 문화를 조선인이 지닌 문화보다 훨씬 높은 경지에 있다고 믿고, 일본인이 지닌 높은 문화로 조선인의 문화를 진전시키는 것을 가리킨다. 그리하여 조선인이 높은 수준의 문화를 향유하기에 이르러, 문화정치를 진정으로 이해(정치적·사회적 이해)하게 되어, 이로써 조선인이 자발적으로 조선 문제는 궁극적으로 해결되었다고 믿도록 하는 것을 가리킨다. 그러니까 일본인이 지닌 조선인에 비해 우월한 학문적 능력·도덕적 능력·예술적 능력·정치적 능력·경제적 능력으로 조선인을 계몽시키고, 조선의 자연을 개척하여, 마침내 조선인의 도덕·학문·예술·정치·경제의 능력을 일본과 평준화하고, 조선의 자연의 생산력을 내지와 같은 수준에 이르게 하는 것이다.

요컨대 조선인의 정신적·물질적 생활이 결국 일본인과 같은 정도에까지 이르도록 일본인이 지닌 문화를 조선인에게 이입하여 조선의 인간과 사물을 개발하고자 하는 것이다. 그리고 이러한 정도로 조선의 문화가 진전된 경우 우리 일본의 지식 계급이 오늘날 품고 있는 조선의 장래, 조선인의 장래, 나아가 내선인의 진정한 관계에 대한 신념을 조선의 지식 계급의 대다수도 똑같이 품게 되어, 통치의 형식은 시대의 학설과 여론에 따라 다르더라도 그들로 하여금 내선의 근본적인 관계에서는 완전히 일선병합의 취지를 실현하기에 이를 것이라고 믿게 하는 것이다.

조선의 현재 표어인 문화정치의 주안점은 곧 둘째 항목의 의의에 있다. 그러므로 이것이 원래 병합 이래 통치의 근본 방침일 뿐만 아니라, 실로 이를 동서고금을 통해 유사한 정책과 대비해 보더라도 가장 뛰어나고 훌륭한 것임은 누구도 의심할 여지가 없다고 본다. 아마 조선 통치의 진정한 이치는 바로 이에 있으며, 이러한 이치를 향해 곧장 나아가면 나아갈수록 조선 통치는 이상에 근접할 것이고, 도리어 회피하면 회피할수록 조선 통치의 근본적인 의의는 잃게 될 것이다.

2. 문화정치의 요건

조선에서 문화정치의 요건이란, 일본인이 지닌 문화가 사실 조선인이 지닌 문화보다도 높은 차원에 있어야 한다는 것이다. 이러한 요건은 우리 일본인의 입장에서 보자면 자명한 사실이라고 하겠고, 또한 우리의 정신적·물질적 생활은 조선인에 비해 몇 단계 위에 있다고 믿고 있다. 또한 비록 조선인일지라도 한 걸음 아래 관문의 처지를 딛고 내지 도시의 번화함, 산야 개척의 성황을 실제로 보게 된다면 내지와 조선의 물질적 생활에 큰 차이가 있다는 것을 의심하지 않을 것이다. 그리고 그들은 내지와 동등한 정도로 조선이 개발된다면 조선은 너무나 행복해질 거라고 여기게 될 것이다.

그런데 최근 조선인 지식 계급은 일본인이 그와 같이 스스로 높은 문화를 지니고 있다고 자부하지만 과연 그들이 이른바 일본 고유의 문화와 문명을 지니고 있는가, 일본인들이 조선의 사람들과 사물을 개화시킬 수 있는 문화와 문명이란 과연 일본인들 혹은 그들 조상이 스스로 만들어 낸 것인가 하는 의문을 품고 있다. 일본인은 우리들 조선인의 문화적 스승이 될 자격이 있는가 하는 문제에 대해 대단히 엄숙하게 궁리하기에 이른 것이다. 게다가 일본에 유학하여 고등 학부에서 배운 바를 앞세워 서양의 서적을 읽어 본 인사들도 이러한 논의에 뒤따르고 있다.

나는 일본이 중국이나 인도의 문화와 문명, 그리고 서양의 문화와 문명에 대해 특수한 문화와 문명을 지니고 있다고 믿는다. 그것은 일본인의 도덕적 특질과 예술적 특색을 통해 알 수 있다고 본다. 하지만 오늘날 일본인이 조선에서 문화정책을 펼치면서 조선에 도입하여 조선의 사람들과 사물들을 개화하고자 하는 문화란, 과연 우리가 일본의 독자적인 것이라고 할 수 있는가. 일본의 문화가 조선의 문화보다 훨씬 높은 차원에 있다는 것은 의심할 바 없다. 하지만 문화정치의 기초라고 할 수 있는 일본의 문화 그 자체의 권위가 조선인으로부터 충분히 인정받고 있지 못하다는 점은 우리로서는 큰 유감이라고 하겠다.

동시에 조선의 문화정치를 철저하게 실현하기 위해서는 일본인의 문화를 끊임없이 향상시키고 진보시켜야 한다. 그것은 마치 옛날 중국으로부터 전래된 불교로부터 진보하여 마침내 일본 불교를 이루게 되었던 것과 마찬가지로, 오늘날 일본은 서양 문화의 수입과 그것의 일본화를 병행하여 일본 문화의 권위를 세워야 한다.

3. 문화정치와 교화정책, 그리고 개척사업

문화정치의 실행이란 사람에 대해서는 교화사업을 실시하는 것이고, 사물에 대해서는 개척사업을 실시하는 것인데, 이 두 가지는 마치 수레바퀴와 마찬가지로 함께 나아가 조선의 문화를 진보하게 하는 것이다.

조선의 개척이란 우리들 문외한이 논평할 수 있는 문제

는 아니다. 조선의 토지는 사람이 손을 댄 연대로 말하자면 대단히 오래되었으나, 근대문화에 접한 시점으로부터 말하자면 매우 새로운 토지라고 하겠다. 그리고 각종 산업의 측면에서 보더라도 개척의 여지가 많은 토지임에 틀림없다. 나는 조선의 개척사업의 수행이란 결론적으로 말하자면 과학적·전문적이고 확고한 학문적 기초 위에서 착수하여 진행시켜야 한다고 믿는다. 이 점에서 독일인의 경영 방법을 모범으로 삼아야 할 터인데, 결코 전문적인 권위가 없는 보고에 근간하여 가볍게 결정해서는 안 된다고 본다.

교육사업이 문화정치의 골자여야 한다는 것은 누구라도 이의가 없는 바이다. 그리고 교육자는 일본인이어야 하고, 피교육자는 조선인이어야 한다는 것도, 앞서 검토한 내선인이 지닌 문화 정도의 차이를 통해서 알 수 있듯이 당분간은 당연한 이치라고 하겠다. 그러나 나는 조선에서 교육은 단순한 교육사업 그러니까 영국식의 인격 본위의 교육 이외에도 독일식의 교화정책의 의미를 더한 것이어야 한다고 믿는다. 뿐만 아니라 궁극적으로는 국민화nationalization의 기능도 실현해야 한다고 믿는다. 뉴욕 컬럼비아 대학교 사범대학장 폴 먼로 교수가 1921년 11월 국제적인 선교사협회에서 발행한 논문 「선교사 교육과 국민화정책」 제1편에서도 대단히 분명히 묘파한 바와 같이, 세계대전 이후 구미 각국, 특히 미국에서 두드러지는 국책이 국민화정책이라는 것은, 구미 지역을 돌아다녀 본 이들이라면 한결같이 깨달은 바이기도 하다. 미국과 같은 국가의 정세에서는 아무리 건국정신이 민본주의에 있다고 하더라도, 국가 자립의 근본 방책은 반드시 국가주의에 있다는 것은 재론의 여지도 없다. 그래서 미국 국민의 국민화정책은 현재 최고, 최대의 국책이 되기에 이르렀다.

그리고 국민화정책은 국어·종교·인종의 차이가 있음에도 불구하고 시행되어야만 하는데, 그 시행 방책의 중심은 공통교화에 있고, 이에 공통교화정책이 국가주의 국민화정책에서 가장 중요하다고 하겠다. 그러므로 공통교화를 통해 교육을 받은 학생들이 설사 서로 인종·언어·종교가 다르고 습속이 다르더라도, 언젠가 부지불식간에 동일한 사상·취미·판단·사고방식을 지니게 되어, 국민적 성격 양성의 계기를 얻게 될 것이다. 이로 인해 독립·자존의 문명국에서는 교육기관의 관리를 온전히 정부가 담당하여, 관립이 아닌 학교에 대해서도 반드시 엄중한 법규를 세워 교육 과정과 교원 자격을 정하고 있고, 또한 장학제도를 두고 교육과 법규의 실행을 감독하는 것이다.

그러므로 국민화정책과 교화정책의 관계가 자명한 이상, 실로 국제적인 예의를 중시하는 국가로서 다른 나라의 교육제도와 교육법규에 대해 제멋대로 견해를 주장해서는 안 되고, 반드시 그 나라 정부의 제도와 법규에 기꺼이 복종해야 할 것이다. 이토록 정당한 학설은 세계대전 이후 미국에서 선교사 사회를 움직였고, 조선에서 선교사가 경영하는 학교의 태도에도 변화가 나타나기에 이르렀던 것이다.

먼로 교수가 전하는 바와 같이, 오늘날 각국의 위임통치 지방의 교육행정에서, 정부는 관·공립, 사립학교의 구별 없이 대체로 다음의 네 가지 항목을 강요하고 있다. 첫째 수업용어는 통치국 언어로 할 것, 즉 그 지방의 토속어 혹은 선교사의 국어여서는 안 된다는 것, 둘째 교과 과정을 엄격히 정하여 최소한 통치국의 국어·문학·역사와 법제의 시간을 정할 것, 셋째 교원 자격을 법으로 정할 것, 넷째 학교장과 주요 교원은 국가에 충성스럽게 순종할 것 등이다.

이 밖에 조선에서는 일본 내지와 마찬가지로 정규 자격을 인정받은 사립학교에서 성경bible을 가르치는 것을 금지하고 있다. 이들 사립학교가 정규 학교, 즉 중학교·고등학교와 동일한 자격을 지니고 있는 것은, 본래 정부가 설립하고 경영하는 것이 근본이나 오늘날 특히 한 개인, 한 사립단체에도 설립과 경영을 허용했기 때문이다. 따라서 이들 사립학교는 반드시 정부가 규정한 대로 한 치의 차이도 없이 그 교과 과정, 시간 배당을 준수해야만 한다. 그리고 우리나라의 정규 학교는 교육과 종교를 분리하여 학교에서 종교 강의를 허락하지 않는 것을 근본 취지로 한다. 나는 조선에서 교육제도와 법규는 미국인, 프랑스인, 멕시코인 등이 각각 교화정책에서 취하는 방법과 조금도 다르지 않다고 믿는 동시에, 미국인이 점차 조선 교육에 대해서 양해를 하는 것은 당연하다고 생각한다.

　조선에서 문화정치가 조선인의 정신적 생활을 내지인 정도로 고양시키는 것을 이상으로 삼는 이상, 당연히 내지인 교육에서 기회균등주의를 취해야 한다. 그런데 신임 총독의 제1선언에 조선 교육의 개선이 언급되었고, 1922년 4월부터 조선신교육령이 반포되어 조선의 소학교·중학교·전문학교와 갑·을종 실업학교가 일본 내지의 학교들과 동등한 자격을 인정받았다. 나아가 1924년에는 경성에 조선대학을 세우기로 결정되어, 매우 순조롭게 조선의 교육사업은 진전되고 있다. 다만 앞으로 조선대학이 설립되었으나 졸업생인 조선의 수재가 뜻밖에 학력이 낮다든가, 일본의 각 대학 졸업생에 비해 현저하게 뒤처진다든가, 혹은 그들이 국민으로서 취해야 할 충성스러운 순종이 의심스럽다든가 하는 일이 일어나는 경우, 이는 문화정치의 일대 착오라고 하겠다. 앞의 경우라면 곧 조선인이 당분간 더욱 어떠한 수단과 방법을 다하더라도 도저히 일본인과 같은 지능의 발달을 이룰 수 없다는 사실을 증명하는 것일 터이다. 또한 뒤의 경우라면 곧 교화정책의 허울이라고 보아야 할 터이다.

그러므로 현대의 준수한 조선인 청년들은 학력만으로는 거의 일본인의 가장 높은 표준에 이른 교양을 받았으나, 아무리 훈습이 누적되었더라도 아직 이해의 온전한 자격에서는 일본인과 같은 높은 수준의 총명함에 이를 수 없고, 따라서 내선관계의 근본적 해결에 대한 진정한 이해는 더욱 먼 후대까지, 그러니까 점차 조선인의 사회적 상식의 수준이 높아져서 그들의 선천적 이해력의 모든 자격이 크게 향상될 때까지 기다려야 한다는 매우 유감스러운 결론에 이르게 될 것이다. 따라서 적어도 우리 시대의 문화정치는 사실과 의지가 전혀 다른 결과에 이르게 되는 것이다.

4. 문화정치의 반응

군자의 덕은 바람과 같고 소인의 덕은 풀과 같다. 풀에 바람이 불면 풀은 쓰러진다. 특히 조선과 같이 전제정치의 초월적 지위로부터 벗어난 지 20년도 안 되는 나라에서는 누가 뭐라 해도 대다수의 민중이 정부의 뜻대로 사상을 바꾸는 경우가 보통이다. 그러니까 이전 데라우치(寺內) 총독 시대에는 조선인의 민도民度가 낮은 데에 비추어, 산업행정에 가장 힘을 쏟아 '근검저축' 네 글자로 백성 지도의 표어로 삼고, 입을 한데 모아 외쳤다. 그 효과는 실로 두드러져 양반 유생으로부터 아이들에 이르기까지 항상 근검저축을 격언·금언으로 삼아 마음에 새겨, 조선인들은 첫째도 둘째도 근검저축을 지상선으로 여기게 되었다. 그리하여 보통학교의 개구쟁이나 고등보통학교의 신사 자제마저도 거름통을 지고 서서 감자나 배추가 자라는 것을 보고 기뻐했던 것이다.

그런데 시세가 일변하여 문화생활이 제창되기에 이르자, 교육제일이 표어가 되어 경향 각처에서 교육열이 유행하여 향학심이 일어나기에 이르렀다. 그들은 조선문화의 향상은 곧 교육의 진보에 있고, 이것이 곧 조선 통치의 이상이라고 듣고 나서는, 무엇보다도 우선 순사도 필요 없고 주재소도 필요 없으니 이런 것들을 폐지하여 그 경비로 각지에 학교를 세우라고 부르짖기에 이르렀다. 물론 이와 같은 향학심의 발로에는 그 밖에 여러 가지 원인도 있다. 하지만 문화정치의 일성一聲이 자연히 민심에 감화를 일으키고 흡수되어 이것이 동기가 되었다는 것은 재론할 여지가 없는 사실이다.

재작년 이래 향학심의 발흥은 일종의 기적과 같은 느낌

을 준다. 1919년 무렵까지는 조선 남반부의 아직 구습을 벗지 못한 지방에서 중류 이상의 학부형들은 예외 없이 모두 자녀의 보통학교 입학을 꺼렸다. 이 때문에 군수, 학교장, 학무위원 심지어 헌병과 경관까지 가세하여 도시락을 싸들고 호별 방문을 해서, 무릎을 맞대고 담판을 벌여 자녀 취학을 종용했던 것이다. 그리하여 모집 인원을 채우지 못한 학교는 적어졌다. 그리고 재작년부터는 어떠한 공립보통학교라도 두 배, 세 배 이상의 입학 희망자로 인해 학교장은 아동의 선택 결정으로 곤란을 겪게 되었고, 학부형은 제 자녀를 입학시키기 위해 읍소하고 탄원하게 되었다. 나아가 부인들까지도 전염되어 종래 안방을 작은 세계로 삼아 두문불출하던 이들도 야학으로 뛰쳐나와 밤늦게까지 독서와 산술을 배우는 형편이다. 원래 지방의 경우 세 개 면(한 개 면은 약 1천 호)에 한 개의 보통학교를 세우기로 한 계획은 1922년에 이미 실현했다. 그러나 지금 어쩔 수 없이 두 개 면에 한 개의 학교를 세울 계획을 진행하고 있다.

중등 정도의 학교와 전문학교의 조선인 학생의 학습태도가 두드러지게 진지하게 된 것도, 또한 이와 같은 문화정치의 반응을 나타내는 것이라고 하겠다. 각 전문학교에 상당수의 조선인 수재들이 내지인 학생과 경쟁하고 있다. 그들은 기초 교육이 불충분하다는 불리한 조건을 지니고 있음에도 불구하고 대단한 근면함으로 종종 내지인 학생들보다 앞서는 이도 있다. 그 밖에 여러 강습회가 생겨나서, 어떤 것은 평민대학이라는 이름을 달고 어떤 것은 문화文華대학이라고 자칭하면서 깊은 지식의 보급을 표방하여, 최근 조선 민립대학 설립 계획을 세우고 2백만 원의 기본금을 모으자고 부르짖고 있다. 물론 모두 일종 유행 같은 계획이어서 확실한 근본이 있다고 여겨지지는 않는다. 하지만 이러한 것들을 통해 문화정치에 반응하는 정신적 격동이 팽배한 현상을 간파하기란 어렵지 않은 일이라고 하겠다.

5. 문화정치에 반항하는 사상과 운동

이민족끼리 한 구역 내에서 서로 접촉하여 거주할 때에는, 서로 융화하여 한쪽이 이민족으로서의 특징을 잃거나, 그렇지 않으면 융화하지 못하고 영원히 친화 융화하지 못하거나 하는 두 가지 결과를 낳는다. 첫 번째 결과를 낳는 결과라고 하더라도, 적어도 서로 접촉하여 생활하는 당초에는 서로를 이방인으로 보고 쉽게 혼융의 길을 열려고도 하지 않는 것이 통례이다. 내지인과 조선인은 오랜 시간이 경과한 다음에는 과연 어떻게 서로 융화할 것인가, 아니면 서로 반발할 것인가. 오늘날 누구도 쉽게 단정할 수 없을 것이다. 왜냐하면 그것은 종종 다양한, 거의 무한에 가까운 조건으로부터 성립하는 결과이기 때문이다. 그리고 우리들은 문화정치로 긴 세월 후에는 진정한 공존공영을 실현할 시대가 올 것이라는 사실을 믿는 바이다.

그러나 나처럼 러일전쟁 당시부터 계속 조선에 살고 있는 사람은 그 사이에 일선日鮮 관계 진전의 다양한 단계를 실현해 왔다. 그리고 이러한 관계를 일관하는 사실은 대체로 일선 두 민족이 조선의 토지에서 거주하는 데에, 그 접촉이 더욱 긴밀해짐에 따라 더욱 조선인의 반발심도 증가하여 왔다는 것이다. 그러니까 일선 신협약이 체결되어 보호정치가 승인되고 통감부가 설치되어 일본인의 대다수가 조선인과 어깨를 나란히 하여 조선의 관부官府로 나아가 나날이 서로 교섭하기에 이르자, 그 이전 공사관 시대보다도 한층 일본인을 싫어하게 되었다.

또한 일선병합조약의 성립으로 총독부가 설치되어 일본인과 조선인이 동등하게 대일본제국의 신민이 되기에 이르자, 보호정치 시대에 비해 일본인에 대하여 반항하는 정신을 더하게 되었던 것이다. 그래서 일본인의 측에서는 제도상 두 민족의 관계가 더욱 친밀해 가자, 일상적으로 일시동인一視同仁, 내선융화內鮮融和라는 구두선口頭禪을 제창하여 조선인의 반항심을 완화시키고자 열망했다. 그럼에도 불구하고 조선인들은 이를 차가운 눈으로 보고 단순한 사령(辭令)에 불과한 것으로 생각하고 있다. 이것은 순수한 민족적 정신 외에 대다수 약자의 소수 강자에 대한 반항심이 더한 것으로서, 동서고금의 역사에서 이와 같은 경우에는 반드시 똑같은 현상을 낳았던 것이다. 나는 1921년 가을 아일랜드를 방문하여 다수의 아일랜드인과 만났는데, 그들 남부 아일랜드인 모두 강렬한 반영국의 정신으로 넘쳐나는 데에 놀라지 않을 수 없었다. 헨리 장(張)의 저서 『조선사건』에도 과거 15년간의 일본 통치는 끊임없이 조선인에게 새로운 희망과 이상과 투쟁력을 주었다고 했다.

이와 같이 오늘날 조선인 대부분은 아직 일본인과 융화하여 공영의 이상으로 향해 나아가고 있다고 믿고 있지 않으므로, 항상 총독에 대하여 반항하고, 총독의 통치가 생각대로 되게 하지 않겠다는 사상과 운동이 음으로 양으로 존재하고 있는 것이다. 그러니 무단정치에 반항하여 그 학정을 왕성하게 선전하고, 다른 나라의 동정을 얻어 일본의 조선 통치에 반감을 품게 하고, 오늘날 문화정치 시대가 되어서도 역시 조선인은 반항하는 방법을 어렵지 않게 찾아낸다. 여러 사상을 선전하고 다양한 운동을 일으켜 문화정치를 방해하고 문화정치의 목적이 달성되지 못하도록, 그러니까 일본의 조선 통치가 필경 실패로 돌아가도록 획책하고 있는 것이다.

나는 물론 그러한 바람직하지 못한 계획을 세우는 조선인의 수가 많다고는 생각하지 않는다. 도리어 실제 그러한 계획을 일으키는 이들은 일정한 범위에 국한된 극히 소수라고 생각한다. 그러나 그 바람직하지 못한 계획은 소수 조선인들의 창의적인 사고일 뿐이고 대다수 민중과 상관없는 것인가. 아니면 민중의식을 반영하는 것으로서 그에 따라 소수 조선인들이 선전하고 운동하고 있는 것인가. 이야말로 오늘날 조야朝野의 일본인들이 깊이 생각하고 분별해야 할 일이다. 문화정치에 반항하는 사상으로서 선전되는 것 가운데 중요한 것은 다음 다섯 가지가 있다.

가. 일본에 고유한 문화란 없다

앞 장에서 조선의 문화정책 요건은 일본인이 지닌 문화가 조선인의 그것보다 우월하다는 것과 일본 고유의 문화라고 주장할 수 있는 문화가 존재한다는 것, 이 두 가지라고 밝힌 바 있다. 오늘날 조선인의 민족적 정신 자극을 일삼는 이들은 첫째로 일본에 고유한 문화가 없다고 크게 선전하고 있다. 이들의 주장을 보자면 다음과 같다. 이들은 옛날 일본이 삼한三韓으로부터 받아들인 문화의 가치를 과장하여, 도리어 일본인이 자랑하는 일본의 문화란 것도 사실 1천5백여 년 전 신라, 백제로부터 수용하여 발달시킨 것에 불과하다고 한다.

이들은 문화의 연원으로 보자면 일본인은 조선인의 제자이자 후진이라면서, 그 후 일본은 중국을 본받고 가까이는 서양을 본받았다고 한다. 물론 이들도 일본인은 기억력이 좋고 국민의 운이 좋다고들 하나, 문화적 민족이라고는 도저히 말할 수 없다고 한다. 그리고 이들은 일본으로부터 문화를 배우려 하기보다는 직접 서양을 본받는 것이 첩경이고, 서둘러 일본과 동일한 문화적 수준에 이르는 현명한 방법이라고 한다.

나. 현재 일본 문화의 수준은 조선보다 높지 않다

오늘날 인도인 사이에 서양 문화에 대한 두 가지 관점이 있다. 첫째는 서양의 문화는 물질적으로는 과연 인도보다는 진보했으나 정신적으로는 퇴폐 문란하여 볼 만한 것이란 없다, 요컨대 오늘날 서양 문화는 막다른 골목에 이르렀다, 우리는 무엇을 고민하여 막다른 골목에 이른 문화를 배우고 모방하여 정신적인 타락에 이르러야 하는가, 인도를 되살리는 방법은 인도 고유의 옛 문명을 부활시키는 일뿐이다라는 관점이다. 둘째는 과연 서양 문화가 정신적으로 타락한 것은 두말할 나위도 없다, 그러나 우리는 아무리 생각해 보아도 역시 서양 문명 가운데 어떤 아름다운 점을 인정하지 않을 수 없다, 우리는 서양 문명을 상당한 정도 받아들여야 비로소 우리 생활과 우리 사회 전반을 향상시킬 수 있다는 관점이다.

오늘날 조선인 가운데에도 인도인과 마찬가지로 일본의 문화를 비판하는 두 가지 부류가 있는데, 그 가운데 한 부류는 극단론자들로서 일본은 고유한 문화를 지니고 있지 않을 뿐만 아니라, 오늘날 일본 문화조차 결코 현재 조선의 문화보다 우월하다고는 생각할 수 없다고 주장한다. 그러니까 그들은 문화의 의의를 자못 정신적으로 생각하여, 육·해군의 강성함과 약간의 서양 문명을 피상적으로 본받은 물질문명의 한 껍질만이라도 벗겨 보면, 문화로서는 일본이 과연 조선인의 문화보다 우월한지 의심스럽다는 것이다.

이러한 주장을 하는 이들이란 그리스도교 신자들과 유교 신자 이 두 부류이다. 그리스도교 신자들은 그리스도교의 입장에서 일본인의 신앙, 사상이나 습관을 비판하고, 유교 신자들은 유교 교양의 측면에서는 도리어 조선인의 사상, 신앙, 습관, 예의가 일본인보다 우월하다고 한다.

다. 내선인이 접촉한 과거 15년은
어떤 것도 조선인의 문화를 진보시킬 수 없었다

'가', '나' 두 항목은 이 항목의 복선이라고 하겠다. 오늘날에는 지식인 계급이라고 하는 새로운 조선인 대부분이 과거 15년의 일본 통치하의 조선은 그 문화의 정도를 어느 정도도 향상시키지 못했다고 득의양양하게 말한다. 그들은 이것이 현재 일본인이 사회적 도덕적 자격의 면에서 조선인에 비해 앞서는 바가 없는 데에서 비롯한 당연한 결과라고 한다.

예컨대 그들은 조선이 이전에는 유교의 정신이 일반적인 예의범절을 지배했으므로, 사회와 가정의 질서를 문란하게 하고 노골적인 음탕한 풍습이 공공연히 행해지는 것을 결코 허락하지 않았다고 한다. 따라서 일본의 통치 이후 고유한 미풍양속은 점차 파괴되어, 그윽하고 정숙했던 기생은 타락하여 일본의 게이샤를 닮아 가고, 매소부의 수는 엄청나게 늘어 집집마다 손님을 끄는 것까지 일본의 청루靑樓를 흉내내기에 이르렀다고 한다. 또한 술집 개점의 제한을 철폐한 탓으로, 경향 각처에 술집이 생겨나 순박한 백성들을 유혹하고, 심지어 일본인을 따라하여 유카타(浴衣)를 걸치고 게타(下駄)를 신고 목을 드러내고 저자를 활보하는 조선인마저 생겨났다고 한다. 그들은 특히 일본인의 목욕탕이나 온천에서 종종 남녀가 혼욕을 하는 일마저 나타나게 된 것은 가장 참을 수 없는 일이라고 한다.

게다가 일본인이 궐련을 피우므로 조선 청년도 모두 담뱃대를 버리고 궐련을 피우고, 옛날에는 연장자 앞에서는 담배를 피울 수 없었는데 아무렇지도 않게 부모나 선생 앞에서도 궐련을 피우게 되었다고 한다. 또한 정부가 수입 증가를 꾀하기 위해 앵속罌粟의 경작이나 판매를 공적으로 허용하여, 아편을 피우는 나쁜 풍습이 조선인 사이에 대단히 만연하게 한 것도 참을 수 없는 일이라고 한다.

요컨대 예의국으로 자부했던 조선은 과거 15년의 일본 통치 기간 동안 일본인과 접촉한 탓으로 조선의 사회적·가정적 훈육은 파괴되고, 예의도 범절도 없이 문란할 대로 문란한 일본인의 흉내만 내게 되었다는 것이다.

라. 조선 역사의 날조

문화정치에 반항하는 사상은 끝내 조선 역사의 날조를 꾀하기에 이르렀다. 조선의 역사는 종래 조선인들에게는 연구해야 할 것으로 여겨지지도 않았다. 그러니까 조선의 역사를 쓴 서적은 그 종류가 대단히 적었을 뿐만 아니라 출판부수도 매우 제한되어 있었으므로, 또 특별한 계급 즉 사대부가에나 드물게 소장되었던 탓으로, 일반 민간의 독자들은 역사서를 볼 기회를 얻지 못했다. 따라서 일반 조선인 자제는 중국 역사만 역사 과목으로 여겨 삼한이나 삼국의 역사적 사실은 실상 전혀 이해하지 못했고, 아는 바란 겨우 단편적인 영웅담 정도의 것이었다. 특히 조선조의 역사에 이르러서『승정원일기承政院日記』나『조선왕조실록朝鮮王朝實錄』은 규장각 속에 깊이 묻혀서 보려고 해도 눈이 피로할 정도이다.

우리 일본의 정사正史는 조정이 바뀌어야 볼 수 있게 되어 있었다. 한일합방 이후 조금씩 조선의 고도서가 일본인과 조선인의 손을 거쳐 간행되어, 비로소 조선인도 『삼국사기三國史記』, 『삼국유사三國遺事』를 비롯하여 『고려사高麗史』, 『국조보감國朝寶鑑』까지 다양한 외사外史 및 편년사編年史를 볼 수 있게 된 것이다.

이와 같이 시세는 변하여 민족정신이 발흥하는 동시에 문화정치가 표어가 되었다. 이러한 이유에서인지 조선인 민족정신 발흥의 기틀이 되고 아울러 문화정치 반항의 사상을 선전하기 위해 조선 역사를 개조하고자 하는 계획이 나타나게 된 것이다. 그리고 대다수의 조선인이 더욱 자신의 역사에는 문외한으로서 정견이 없는 까닭으로 이와 같은 대담한 계획도 성공하여 개조된 역사가 사실인 양 조선인들에게 받아들여진다고 생각된다.

조선 역사의 날조는 두말할 나위도 없이 예전 삼국시대에 이미 찬란한 문명과 성대한 정치 세력을 지니고 있었다는 데에서 비롯한다. 그리고 가능한 한 중국의 문화적·정치적 세력 아래에 있었던 사실을 말살하여 조선 고유의 문화와 정치적 자존을 향유하고 있었다는 식으로 만들어낸다. 예컨대 신라의 삼국통일은 당나라의 세력을 빌려 성취한 것이므로 진정한 조선민족의 통일이 아니며, 따라서 자립적인 국가의 건설은 아니었다. 이 점에서는 신라의 지식인 스스로도 항상 유감으로 여기는 바였다. 조선의 역사를 날조하는 이들은 고려의 왕건이 등장하여 순수한 조선인, 게다가 옛날 조선인이 세운 국가로서 가장 훌륭하게 제국주의를 실현하여 그 강역을 남만주에서 요동에 이르기까지 개척한 고구려인의 후예라는 점을 들어, 후삼국 통일에 이르러 비로소 조선인 자신의 힘으로 조선민족의 통일을 완성했다고 보았다. 그들은 이를 통해 조선민족의 만족과 자부심을 드러내었고, 이로써 조선인의 민족정신은 고려 시대에 이르러 완성했다고 한다.

이와 같이 조선의 역사를 날조하고자 하는 이들은 고려의 호걸 강감찬姜邯贊(948~1031)이나 최영崔瑩(1316~1388)과 같은 이들의 사적으로 옮겨 가서는, 조선민족도 역시 제국주의적 활동력으로 충만했음을 증명하여 청년의 기백을 고무하고, 조선민족의 일치와 분발을 표어로 하여 절규했다. 그리고 조선 시대에 이르러서는 세종 이래 문화정치가 찬란하게 선善과 미美의 경지에 이르렀음을 강조하고, 성군聖君·명상名相·학자·호걸을 배출하여 백성을 태평하게 다스렸다고 분명히 밝힌다.

그리하여 재판도 대부분 전례와 관습에 근간하여 판결을 내려 영국의 사법제도와 대단히 비슷했고, 범죄인도 매우 적었다고 한다. 심지어 옛날의 태형은 한일합방 이전부터

1919년까지 존속했던 태형에 비하자면 실로 경미한 방식으로 그저 어루만지는 정도의 것이었다고 한다.

교육사업 또한 총독부에 의해 비로소 제도와 시설을 갖추었다고 하나, 실은 옛날에는 나라에 대학이 있고, 지방에는 향교가 있었으며, 나라가 임명한 학부學部 대신大臣의 지위를 대단히 중히 여겨 내각에서는 내부內部와 대장大藏 두 대신 다음의 위치였으나, 한일합방 이후 1919년까지 조선의 학무부學務部는 내무부 산하의 한 부서에 불과하지 않은가 하고 묻는다.

또한 그들은 한일합방 이전 조선의 조세는 대단히 가벼웠고 국가의 부채도 매우 적었으나, 한일합방 이후 조선인은 과중한 세금을 부담하게 되었고, 국가에 부채가 생기게 되었다고 한다. 그래서 그만한 돈을 쓰고도 이 정도의 부담을 지게 되고, 이 정도의 진보밖에 못했으니 일본인의 정치적 수완이란 자랑할 만한 것이 아니라고까지 한다.

이런 식으로 하루아침에 조선의 역사를 개조하여 일본의 문화정치가 표방하는 바가 무색할 만큼 조선인들 스스로 훌륭하게 국가를 건설하고 경영할 수 있는 역사와 능력을 지니고 있음을 암시한다.

조선 역사의 날조는 조선 왕가에 대한 관념에까지 이른다. 조선 시대의 이씨 왕가란 전주 이씨, 그러니까 조선의 한 성씨로 정권을 장악한 가문이다. 조선의 사회 조직의 단위는 무수한 가족의 집합으로부터 이루어져 동일한 조상을 지닌다고 믿는 씨족이다. 이 씨족 가운데 여러 계급이 있고, 대대로 뛰어난 인물을 낸 씨족은 청문淸門 현문顯文으로서 전국으로부터 존경을 받는다. 그리고 정권의 교체가 씨족 사이에 이루어진 경우가 있었다고 해도 그와는 관계없이 이러한 사회 단위 씨족은 존속되었다. 따라서 씨족 보존의 도덕은 군신 간의 도덕보다도 한층 조선 사회에서는 근본적인 것으로, 효孝는 충忠보다도 훨씬 중요한 덕목이었다.

조선에서 군주를 위해 죽어야 한다는 것은 당시 관직에 나아가 군주의 녹봉을 받는 이들에게나 해당되는 것이고, 일반 백성이나 관직이 없는 선비는 누구든 충군의 부담은 없었다. 뿐만 아니라 전주 이씨는 어떤 관점에서 보자면, 과연 조선 제1의 청문으로서 널리 인정받고 있었던가 하는 점도 자못 의심스럽다. 왕과 왕세자는 나라의 주권자이므로 가장 높은 자리에 있으나, 그 밖의 전주 이씨 가문은 연안延安 이씨보다 훌륭한 가문인가 아닌가는 이론의 여지가 있다.

이와 같이 전주 이씨 왕가는 한일합방 당시 선대 메이지(明治, 1852~1912, 재위 1867~1912) 천황 폐하의 넓은 바다와 같은 성려聖慮로 일찍이 외인外人과 신하에게 내린 바 없는 우대를 받아 비로소 서민의 신분을 벗어나 황실에 준하는 위치에 이르렀다. 그런데 오늘날 조선인은 이 역사를 개조하여 이씨 왕가는 마치 일본의 황실처럼 예로부터 국민정신이 귀의할 바라고 하면서, 1919년 소요에서도 고종의 훙거薨去에 여러 가지 뜬소문을 덧붙여 인심을 흥분시키고 격동시키는 도구로 삼았다.

앞으로도 지금과 다를 바 없다면, 이씨 왕가 치세 당시의 기억을 지닌 조선인들이 점차 죽어 가더라도, 조선인들은 고종을 현명한 군주이자 성군으로서 숭상하고, 고종 치세에 한일합방의 기틀을 만든 일본은 고금에 없는 무법을 저지른 것으로 여길 것이다. 나는 그것을 우려한다.

마. 조선어의 존중과 그 발달

민족정신의 고조는 국어의 존중으로부터 비롯한다는 것은 두말할 나위도 없는데, 나는 최근 몇 년 사이 일부 조선인 가운데에서 갑자기 조선어를 존중하고, 조선어를 보다 발전시켜 국어로 삼고자 하는 노력이 두드러지게 나타나는 데에 놀랐다. 조선어는 원래 어휘가 빈약하고, 다소 복잡한 사고는 한자를 빌려 표현한다. 또한 문법도 막연하고 난잡하기 이를 데 없다. 학자나 지식인들이 그러한 조선어로 사상을 표현하리라고는 생각조차 못했다.

그리고 중등 정도의 학교에서 조선어라는 과목은 있으나 교재는 순 한문이었다. 새로운 조선인은 조선어 문자의 구조가 지극히 진보한 것으로서, 표음문자와 상형문자의 장점들을 모두 갖추고 언어 자체도 엄연한 법칙이 있으며, 또한 온갖 사고를 표현할 수 있는 조직과 변화를 지니고 있다고 본다. 그들은 이러한 국어를 지니고서도 지금까지 조선어를 경멸하여 부녀자나 무식한 이들만 사용하게 하여 옛날에는 한문, 지금은 일본어로 지식계급의 용어 혹은 학문적 용어로 삼는 일이란, 마치 자기 곳간의 보물은 버리고 남의 곳간의 보물을 얻으려고 애원하는 꼴이라고 한다. 일본어는 배우지 않아도 되고 한문도 잊어버려도 상관없으나, 조선어는 조선인의 국어이고 민족의 생명이라고 주장한다. 이로써 언문의 저술은 왕성하게 발행되고, 또한 조선어의 연구가 조선인 사이에서도 유행한다.

이와 동시에 비밀리에 일본어를 조선어로 번역하는 데에 대단히 고심하여, 결국 오늘날에 이르러서는 조선어가 몇년 전과는 면모를 전혀 달리하여 대단히 새로운 표현방식을 얻기에 이르렀다. 어떠한 일본어라도 번역에 거의 지장이 없을 정도가 되었다. 이 점에서 나는 조선어의 장족의 발전에 놀라지 않을 수 없다.

어쩌다가 경성 시내 조선인이 자랑하는 상설 활동사진 극장에 가서 변사의 말재주를 들어 보았는데, 그 내용은 그야말로 일본 변사의 번역이었으나 조선어를 너무나도 자유롭고, 세밀하고, 미묘하게 구사하여, 종래 조선어로는 도저히 표현할 수 없었던 인정의 기미機微, 사물의 변화와 활동을 웅변으로 설명하고 있는 데에 놀라지 않을 수 없었다. 하물며 신인 조선 문사의 작품이라고 해도 번역투를 벗어나지는 못했으나, 최근까지는 그토록 유치했던 조선어를 이 정도로까지 잘도 발전시켰다는 데에 놀라움을 금할 수 없다. 마치 일본어 문장이나 담화가 영어, 불어, 독일어를 통해 메이지 시기 동안 대단히 진보, 발전했던 것과 같은 경로를 거쳐, 조선어도 일본어를 통해 크게 발달하게 된 것이다.

물론 낡은 사고를 지닌 무리들은 오늘날 새로운 세대의 조선인들이 쓴 조선어가 한문보다도 훨씬 어려워서 읽으려고 하지도 않고, 신교육을 받아 일본 문장을 읽을 능력이 있는 청년들은 일본어 문장의 번역이므로 오히려 일본어 문장을 읽는 편이 낫다고 하여 즐겨 읽지도 않는다. 또한 새 세대의 조선인 가운데 천분天分이 풍부한 천재라고 해도 볼 만한 것이 아니므로, 실제 새로운 조선 문장의 작품이 읽히는 부수는 많지 않다. 더군다나 교육사업의 진행 속도가 빠르므로 앞으로 일본어 작품을 읽는 조선인보다 조선어 작품을 읽을 조선인의 수가 많이 늘 것이라고는 보기 어렵다. 그러나 조선어의 발달과 조선 문장 작품의 족출簇出이란, 총독부 문화정치에 대한 반항 운동의 가장 두드러진 것 가운데 하나이고, 그것이 제법 성공하리라는 것은 의심할 여지가 없다.

한편 그들 새 세대의 조선인이 일본어 문장을 번역한 듯한 태도를 취하지 않고, 거의 그들의 창작이거나 혹은 영문과 불문으로부터 직접 번역을 했다는 듯이 가장하는 태도에 대해서는 정정당당하다고 할 수 없다. 이 점에 대해서는 나와 생각이 같은 조선인들도 적지 않으리라 믿는다. 나는 일본어 문장을 번역하는 것은 그들의 자유이지만, 동시에 원문의 저자에 대해서 상당한 경의를 표하여, 그 이름을 밝히는 것이 문단의 예의라고 생각한다.

바. 일본어 사용의 기피

조선인은 정치에서도 사상에서도 사대주의 민족이므로, 구한말에는 외국어를 외국 학문으로 여기고 외국어를 유창하게 구사하는 이야말로 외국 학문에 통달한 이라고 여겼다. 그리고 그러한 이들은 신지식을 뽐내었다. 따라서 일본어를 할 수 있으면 일본의 학문을 할 수 있으므로, 하나를 배우면 하나를 쓰고, 둘을 배우면 둘을 쓰는 식으로 경향 각처가 앞을 다투어 일본어를 사용하고 특히 학교에서 학생들은 교실에서 일본어를 쓰는 것은 물론, 교실 밖에서도 일본어로 대화하기 일쑤였다.

그런데 최근 한편으로 조선어 존중, 발달과 관련하여 일본어 사용을 기피하고 가능한 한 조선어로 말하고자 하는 풍조가 싹트기에 이르렀다. 그런 이유로 내지에서 유학하여 내지인과 마찬가지로 일본어를 훌륭히 구사하는 조선인 교사들은 일본어가 너무나 뛰어나, 도리어 이것이 구실이 되어 동료나 학생들로부터 나쁜 평가를 받는 기이한 현상이 일어나 끝내 불편함을 무릅쓰고서라도 그들과 대화할 경우에는 조선어를 사용하는 경향이 있다. 한때 수업 용어를 조선어로 사용해 달라는 의견이 교사들과 학생들 사이에서 크게 일어났던 것도 역시 비슷한 현상이다.

이 점에서 오늘날 조선인은 대단히 모순된 태도를 나타낸다. 조선인은 누가 뭐라고 해도 실제 일본어를 통해 신지식을 얻고 신학문을 배운다. 사립학교 졸업자 수는 제법 많으나, 영어로 학문을 할 정도의 영어 실력을 갖춘 이는 대단히 적다. 역시 일본어 서적, 영어 서적 둘 다 있다면 일본어 서적을 읽는 편이 비교할 수 없을 만큼 쉽다. 그래서 오늘날 조선 청년의 서재 안에서의 생활은 오로지 일본어가 제일이고, 모두 일본어로 지식을 증진시키고 있다. 또 학생들은 일본어를 자유롭게 구사할 수 없으면 학교 성적이 도저히 좋을 수 없을 뿐만 아니라, 상급학교에 진학도 할 수 없다는 것을 알고 있다.

오늘날 일본어에 대한 조선인의 태도는 겉과 속이 달라서 어쩔 수 없이 모순을 일으킬 수밖에 없다. 그리고 대세가 기운 쪽은 영어가 아닌 일본어이고, 일본어의 세력은 조선 반도 전체에 팽배하여, 일부 인사의 구차한 운동이나 선전이 이를 막을 수는 없다. 그 세력을 막으려고 하는 일부 인사들의 지식의 근본도 역시 일본어로 쓰인 것임을 모르는 조선 청년은 아무도 없다.

사. 학교에서의 일본인 교사 배척운동

오늘날 일본의 노동자는 항상 무언가 사회에 대해 반항적인 감정을 지니고 있어서, 어떤 일에도 만족할 줄 모르고 기회만 있으면 불평을 드러내려고 한다. 이와 마찬가지로 오늘날 조선인 청년도 조선의 현상에 대해 어떤 것에도 만족하지 못하고 항상 반항 감정으로 가득 차 있으니 참으로 한심하다. 아일랜드가 예전에는 모든 일이 곧 정치여서, 모든 행동의 이면으로 아일랜드인의 정치적 불만과 희망을 드러내어 시위를 했다. 축구도 테니스도 정치적 운동이고, 학교의 강연회도 정치적 운동이었다.

조선의 학교도 어느 정도 이와 비슷하므로, 학교 안에서 소동이 매우 많다. 조선인 교육의 학교 당사자는 이 점에서 내지인 교육에 종사하는 이들이 모르는 고심이 내면에 쌓여 있다. 빈번한 학교 소동 가운데 사립학교에서는 일본인 교사를 배척하고 가능한 한 조선인 교사에게 수업을 받고자 하는 소동도 제법 많았다. 그러니까 어쩌다가 일본인 교사의 학력이나 인격에 비난의 여지라도 있는 경우에는 곧장 그 교사의 배척을 모의한다. 그리고 종종 그 배후에서 조선인 교원이 조종을 하고 있다.

그러나 이러한 일에도 조선인의 심리에는 분명히 모순이 있다고 하겠다. 영리한 조선인 학생은 모두 일본인 교사가 많은 학교가 학생들의 학력도 높고 교수 방법도 뛰어나다는 것을 알고 있다. 사립학교의 경우 일본인 교사가 많은 학교가 학생들의 학력 또한 높게 마련이다. 관·공립학교가 같은 정도의 사립학교에 비해 훨씬 학생들의 실력이 높은데, 그 원인은 일본인 교사의 수가 두드러지게 많고, 대부분 중요한 교사들이 일본인이기 때문이다.

그러므로 일본인 교사 배척운동은 그들 심리와 모순된 현상이다. 그들이 이성의 통제에서 벗어나 감정에 휘말려 자신의 불리함을 감수하고 한때의 쾌감을 얻는 것이다. 하지만 앞으로 학력이 충실한 조선인 교사가 다수 양성되어 풍부하게 공급되더라도, 이 배척운동은 점점 늘어나게 되고, 그 모순도 결코 사라지지 않으리라 본다.

아. 조선인의 힘으로 조선 문화를 발전시키고 조선의 부원富源을 개척하려는 계획

일본인의 손으로 이룬 문화정치가 대단히 원대한 경륜을 펼치는 이상, 조선인이 이에 대한 대항책으로서 조선인의 손으로 조선의 문화를 발전시키고자 기획하는 것도 역시 의미가 있는 현상이다. 그 가운데에도 여러 가지 기획이 있으나 오늘날 가장 두드러진 것은 민립대학 설립운동이다. 민립대학운동은 조선대학의 개설이 일 년 늦어진 1924년에 이루어지기로 결정된 작년 가을부터 일어난 것으로 그 목적은 두 가지이다. 하나는 관립대학 설립의 기성期成의 목적을 달성하는 기발한 방법이다. 다른 하나는 조선인의 힘으로 조선 문화를 발전시키고자 하는 운동이다. 오늘날 그 운동원은 생명보험과 같은 방법을 이용하여 아주 적은 조선인들부터 설득하고 권유하여 발기인이나 찬조원을 만들어 내어 조선 남단에서 만주에까지 이르고 있다. 이와 같이 회원 2백만 명을 얻어 각 회원 한 사람당 1원씩 돈을 내게 하여 대학건설에 착수하고자 하는 기획으로, 성급한 간부는 서둘러 대학 건축의 설계까지 계획을 진전시키고 있다.

물론 이 운동도 앞날이 내다보인다. 결국 모금한 대부분의 기금은 중간 운동원이 소비하게 되어, 마치 구름과 안개처럼 사라지는 동시에 연극과도 같은 내홍을 일으키고 유야무야 끝나고 말 것이다. 가장 사려 깊은 사람들은 2백만 원은 고사하고 10만 원이라도 확실한 자금이 생긴다면, 이로써 조선인의 수재를 일본 또는 서양에 유학시켜 대학이나 전문학교 교수가 될 만한 이를 양성하여, 그들의 힘으로 조선의 문화를 어느 정도 발전시키고자 할 것이다.

그러나 이와 같이 도저히 이룰 수 없는 조선인 한 부류의 공중누각과 같은 계획임에도 불구하고 사람을 끌어당기는 힘을 지닌 이유란 무엇인가. 그것은 곧 조선인의 힘과 손으로 조선의 문화를 열어 나아가고자 하는 일반적인 조선인의 희망에 닿아, 그로부터 보편적인 공감이 생겨났기 때문이다.

문화정치의 정신적 방면의 반항운동이 일어나는 것과 마찬가지 이유로 자연적인 방면의 반항운동도 일어난다. 그것은 조선인 자신의 힘과 손으로 조선의 부원富源을 개척하고자 하는 운동이다. 원래 1919년 소요의 여세를 몰아 호경기로 기뻐 어쩔 줄 모르는 분위기에 휩쓸려, 이 무렵부터 일본인을 배제하고 조선인의 재력과 수완으로 회사와 사업을 경영하여 보고자 하는 운동이 여러 곳에서 일어났던 것이다. 불행하게도 호경기는 오래가지 못하고, 조선인의 재력이 약하고 또한 경영의 인재도 적어, 대부분은 마치 시체처럼 겹겹이 쓰러졌다. 그리하여 오늘날에는 다시 일본인의 장점을 이용하고 일본인의 자본에 의존하는 방침을 정하여 흐트러짐 없었던 한성은행漢城銀行만이 조선인이 경영하는 사업 가운데 만장萬丈의 광염光炎을 내뿜고 있다.

그러나 이 정신은 결코 사멸할 줄 모른다. 어떤 이들은 일본인 지주 수의 증가와 그들이 소유한 토지의 증가와 조선인 지주의 토지를 비교·대조하고는 비분강개하거나, 어떤 이들은 조선 국산의 사용과 구매를 강요하는 간디 식의 운동을 일으키거나 하는데, 이러한 일들은 모두 같은 근본 정신으로부터 생겨난 사회적 현상이다.

6. 문화정치에 반항하는 사상과 운동의 장래

나는 지금까지 상세하게 문화정치의 현상과 이에 반항하는 조선인 측의 사상과 운동을 서술했다. 나는 실로 문화정치가 일본의 조선 통치에서 취해야 할 가장 진보한, 가장 공명한 통치 방법이라고 믿는다. 동시에 이에 반항하는 사상과 운동이 생겨나는 것은 일본 국민이 깊게 주의해야 할 일이라고 생각한다. 이러한 사상의 가운데 어떤 것은 분명히 다수의 공감을 얻어 합창되고, 어떤 것은 지하수처럼 흐르고 있다. 이들의 운동 가운데 어떤 것은 성공했고, 어떤 것은 실패했으며, 어떤 것은 운동 자체에 모순이 있어서 앞으로 계속되리라고 볼 수 없는 경우도 있다.

그러나 이 모두를 두루 살펴보면 이들의 사상과 운동은

앞으로 오래 계속되어 우리 문화정치에 반항하고자 하리라 여겨진다. 내가 여기에서 앞으로 오래 계속되리라고 한 것은 문화정치가 고조되어 조선인 가운데 내선 관계에 대해 현재 우리들과 꼭 같이 이해할 이들이 다수가 되어, 그들과 일본인 지식계급이 상응하고 서로 제휴하여 조선 여론의 지도자가 될 때까지를 말하는 것이다. 간단히 말해서 우리의 조선 통치의 큰 임무에 응할 이가 불굴의 정신과 높은 곳에서 조망하는 총명함으로 일시적인 변조나 소요에 마음을 움직이지 않고 의연히 문화정치를 실시하여 결국 그 노력의 수확기가 올 때까지를 말하는 것이다.

그리고 이 문화정치의 수확기가 언제 올 것인가는 누구도 예언할 수 없다. 그러나 적어도 내 생각으로는 일본의 조선 통치자가 문화정치로 일구어 낸 조선인의 학력과 기술을 가장 공평하게 감별해 내어, 저마다 능력에 따라 적재적소에 두는 관대한 방침을 취하고 실천해야 비로소 그 시기가 오리라 예상할 수 있다고 믿을 뿐이다. 두말할 나위도 없이 인간의 재능이란 학문과 기술 이외 품성에 따라 형성되는 것으로, 그것은 저마다의 국민성 혹은 민족성을 기조로 한다.

그러므로 가령 조선인이 오늘날 일본인과 같은 학교에 입학하여 같은 사물에 대해 배우고 익히더라도, 오랜 유전이나 훈습으로 인해 일본인과 똑같은 품성을 지니게 되리라고 바라기는 어렵다. 같은 품성을 지닐 수 없다는 것은 일본인과 조선인 사이에 일장일단이 있다는 것을 의미한다. 나는 내 나름대로 보더라도 손쉽게 일본인과 조선인 사이의 두드러진 차이 두세 가지를 거론할 수 있다. 조선인은 청년기에는 일본인과 똑같은 활동을 하고 운동경기도 하며 경쾌하고 민첩한 행동도 할 수 있으나, 중년이 지나면 대부분 느긋하게 제 한 몸 편안한 사람이 되어 좀스럽고 답답한 일본인에 비해 기분과 행동이 느긋해진다. 그와 동시에 일에 필요한 근면함과 민첩함에서는 일본인에 미치지 못한다고 보아야 할 것이다.

조선인은 3백 년 동안 음험한 정쟁 탓으로 길러지고 순치된 공사 혼동의 습성이 오늘날 청년에게도 아직 사라지지 않았다. 따라서 항상 공평무사함을 요하는 사무의 취급에는 당분간 조선인은 부적당하다고 보아야 한다. 그들을 사법집행의 책임 있는 지위, 기밀을 담당하는 부서 혹은 회계의 책임을 맡기는 것은 너무나 어려운 일로서 그들에게 부담이 된다.

조선인은 논리적으로는 제법 총명하나 사물의 결과를 통찰하는 능력은 충분하지 않다. 그런 이유로 큰 국면에서의 종착점에서 계산을 해 보지 않고 체면과 자기 이익에 얽매여, 한데 모이면 반드시 내홍을 일으키고 싸움을 일으켜, 사회적 정신이나 협조적 정신의 순화醇化란 볼 수 없다. 비교적 조선인의 자유로운 재량에 맡겨둔 이왕직李王職 내부의 크고 작은 파문은, 조선인이 구성하는 관계官界나 그 밖의 경쟁의 장의 축소판이라고 할 수 있다.

특히 근래 이 좋지 않은 특성이 한층 두드러지게 드러나게 되었다. 그것은 신구新舊 사상의 상호 이해가 전혀 없어, 청년들은 파괴적 사상의 선전에 감염되거나, 생활의 곤란으로 마음이 삭막해져 구사상을 지닌 사람들에게 반항하고자 하기 때문이다. 또 새 세대의 조선인들도 각자 제멋대로 행동하는 것을 자유라고 잘못 여겨 자기중심적인 논리와 행동을 주장하므로, 이 역시 구세대와의 협력과 조화를 이루고자 하는 모습이라고 할 수 없다.

한편 조선의 학문이란 지난 5백 년 동안 오로지 유학뿐이었고, 다른 학문을 금지하고 유학 가운데에서도 주자학만을 선택하여 다른 학파를 이단으로 몰아 배제한 탓으로, 학문에서는 기억과 암송 그리고 해설만이 능사라고 여기고 말아, 비판적이고 연구적인 태도를 존중해야 한다는 것을 알지 못했다. 따라서 오늘날 조선 청년의 수재 가운데에도 학업을 닦는 데에 비판적이고 연구적인 태도를 기조로 하는 학자로서의 풍부한 천분은 드물고 부족하다. 당분간 조선인에게서 명실상부한 교수나 탁월한 기술자가 나오기를 바라기 어렵다.

이와 같이 매우 간단하게 생각해 보더라도 조선인과 일

본인은 근본 성격에서 큰 차이가 있다. 그러나 이러한 차이가 있더라도 일본인과 조선인이 서로 분담해서 할 수 있는 일이 대단히 많아서, 조선의 통치와 경영은 결코 오늘날의 일본인들이 생각하는 것처럼 전부 일본인만이 도맡아야 하는 것도 아니다. 또한 조선의 통치를 전부 일본인이 도맡아 하는 것이 과연 조선인에게 편리한 것인가 하는 의문도 있다. 물론 오늘날 조선의 통치는 옛날의 전제정치와 비교하자면, 한여름에 사막을 여행하는 것과, 머위 줄기가 쓴맛이 날 때 일본 내지를 느긋하게 여행하는 것의 차이만큼 인민생활의 안정과 불안정의 차이가 있다. 그러나 문화정치에 의해 조선인이 진보한다고 보고, 위에서 아래까지 한결같게 일본인의 마음에 맞도록 통치한다고 해도, 그러한 통치가 과연 조선인에게 편리한 것일까.

문화정치는 그것을 선언할 당시부터 이미 조선인들 가운데에서 재능 있는 이들을 많이 내어, 그들을 공평무사하게 적재적소에 두고 써서, 조선 통치를 진정한 내선인 협심협력의 사업으로 삼을 것을 예상하고 있었다고 보아야 할 것이다. 그리고 문화정치가 진보함에 따라 학문과 기술이 있는 조선인의 증가율은 일본의 경우보다도 훨씬 높다. 왜냐하면 출발 당시 조선인의 문화 정도가 대단히 낮았기 때문이다. 그러나 싫든 좋든 장래 조선의 통치가 쓸 만한 다수의 조선인과 그들에 비해 특별히 우월한 일본인의 협력을 통해 조직해야 할 일이 될 것은 자명한 이치이다. 그리고 조선인은 본래 대단히 논리적인 민족이므로, 저마다 맡은 일에 분명히 자기보다 뛰어난 학식, 기술, 의견을 지닌 이에 대해서는 쉽게 감복하는 아름다운 자질을 지니고 있다. 이러한 조선인의 성격을 살리고 소수의 일본인 관리의 자질만 훌륭하다면 그러한 조직을 통해 이룰 행정의 여러 기구가 원활하게 운용되리라 생각한다.

그러나 소수의 일본인과 다수의 조선인의 공동 사업인 조선의 통치는, 그 조직이나 법규나 절차의 측면에서 오로지 내지를 모방한 현재의 상황에 과연 적합하겠는가. 이러한 모방으로는 내지에서 존재하는 행정상의 이로움을 조선에서는 거둘 수 없고, 도리어 폐해만 낳게 되지 않겠는가. 문화정치의 결말을 통찰하는 현명한 조야朝野의 정치가와 학자는 조선의 통치에 대해 일종의 독특한 방식을 창안하여 일본인의 머리와 손이 자유자재로 제어하고, 순응시키고, 변화시킬 수 있다는 것을 보여 주어야 하지 않겠는가.

7. 문화정치의 폐해

햇빛이 비치는 쪽의 뒷면은 그늘이 있다. 문화정치가 대단히 진보한 조선 통치인 만큼 여러 가지 빛나는 성과를 거두고 있고 장래 더욱 큰 성과를 거두리라 기대하는 한편으로, 그 폐해도 또한 나타나지 않을 리가 없다.

일본인 관리 가운데에는 "수준이 낮아 스스로를 헛되게 할 조선인들은 그동안 총명한 정부의 방침을 묵묵히 성실하게 따라 열심히 일하여 비로소 급속한 진보를 이루게 되었다. 그런데 난데없이 정부가 문화정치를 표방한 탓에, 비웃음거리밖에 안되는 무식하고 유치한 조선인들의 주장을 허용하고 그들의 의견을 존중하게 되었다. 그래서 도리어 많은 조선 개발의 제도들이 방해받고 있다."라고 하는 이들도 있다. 이것도 일리가 있는 의견이라고 여겨진다. 그러나 정치의 진정한 요체가 인민을 이해시키고 이끄는 데에 있다고 결정한 이상, 이와 같은 불만은 드러내서는 안 될 것이다. 그 옛날 요순堯舜 시대조차도 목민관牧民官은 총명함으로 백성들의 말을 듣고 백성들의 뜻을 존중해야 한다는 기록을 남기고 있다. 또한 현재 조선의 관리는 이 점에서는 내지의 관리보다는 아직 훨씬 편하고, 인민은 관리에게 순종하고 따르고 있다고 하겠다.

문화정치의 표방이 인민, 특히 다소 신학문을 익힌 젊은 조선인에게 문화생활을 동경하는 마음가짐을 더욱 강하게 하는 뜻밖의 결과를 낳게 된 것은 부정할 수 없는 사실이다. 문화생활이란 인간의 노력을 상당히 줄여 큰 효과를 거두고, 남는 시간을 자기의 수양과 향락에 쏟고자 하는 것으로서, 마치 영국인과 같은 생활을 일컫는 것이다. 우리는 런던에 가서 비로소 향락주의란 무엇인가를 이해하고, 또한 문화생활의 표본에 접하게 된다. 그런데 문화정치의 표방은 젊은 조선인 남녀로 하여금 오늘날 조선인의 생활에 대한 불만을 대단히 크게 만들었다. 따라서 그들은 예전에 근검저축을 표어로 삼았던 시대와는 정반대로 일을 싫어하고, 실업을 천시하고, 학교에 다니지 않는 청년들까지 쟁기와 보습을 들고 논밭에 가는 일을 어리석은 일로 여기게 되었다. 이와 같이 가업이나 본업은 나이 든 구식 사고방식을 지닌 그들의 부모들에게나 맡기고, 자신들은 테니스, 야구, 축구나 하거나 토론회를 열며 향락적인 날을 보내는 이들이 매우 크게 늘어나고 있다. 나는 이와 같은 현상이 분명히 장래 조선의 생산력에 크게 영향을 미칠 것이므로 오늘날 크게 경계해야 할 풍조라고 생각한다.

또한 문화정치의 표어로부터 교육열이 크게 번져, 지방의 자제들도 경제력을 생각하지 않고 높은 교육을 받고자 앞다투어 도회로 올라와 무리하게 학문을 닦고자 한다. 그래서 학부모들 가운데에 가능한 한 학비를 충당하기 위해 조상들로부터 물려받은 피땀 어린 전답을 팔고 무산자가 된 이들도 적지 않다. 또 학비를 계속 댈 수 없는 이들은 고학생이 되어 불안정한 생활을 하면서 항심恒心이 없는 자가 되어 남들을 미혹迷惑하고, 결국 뜻을 잘못 두어 불량한 사상에 감염되기도 한다. 오늘날 현저하게 나타나는 이와 같은 사실 또한 문화정치의 폐해의 한 면이라고 하겠다.

마지막으로 조선 통치의 큰 방침을 문화정치라고 선언하기에 이르러, 모든 계급의 통치 당사자들이 마음가짐을 고친 것은 대단히 기뻐할 만한 일이다. 하지만 다른 한편으로는 조선의 문화정치란 이로써 오늘날 저급한 조선의 문화를 진보, 향상시키는 것임을 잊어버리고, 문화정치를 실시하게 된 것만으로 조선의 문화는 진보했다는 식으로 잘못 생각하는 경향이 전혀 없다고는 말할 수 없다 하겠다.

문화정치가 성공하여 대부분의 조선인의 지식이 크게 진보하고 상식의 수준이 도약하여 향상되고 나면, 조선에서 언론의 자유를 인정해야 한다는 것은 두말할 나위도 없다. 이와 같은 사회에서는 어떠한 사람의 발언이라도 그 사람의 높은 비판과 깊은 사색으로부터 나온 하나의 주장이나 신념으로서 존중해야 한다. 따라서 이러한 사회의 도덕이나 선량한 관습과 풍속에 배치하지 않는 한에서는 그 사람의 자유이므로 책임 또한 스스로 져야 한다. 또한 한 사람의 발언을 듣고 읽는 사람들도 역시 정확한 비판으로 그 발언을 받아들일 것인지 말 것인지를 결정해야 한다. 예컨대 남녀의 성에 관한 의견도 의학자나 생물학자가 이론과 학설로서 발표할 경우에는 사회에 미칠 영향도 대단히 클 뿐만 아니라 유익하기까지 하나, 의도적으로 세간의 이목을 끌고자 망령되게 언급할 때에는 헛되게 사람들에게 성적 자극을 주는 부도덕을 저지르는 결과를 가져오는 것과 마찬가지이다.

오늘날 조선의 젊은 남녀는 대체로 사상의 면에서는 백지와 같아서 어떤 것에도 쉽게 물든다. 그리고 다른 이의 발언에 대한 비판력이 지극히 빈약하고 유치하다. 게다가 여러 사상을 고취하고 선전하고자 하는 조선인들조차 확고한 학문적 연구의 기초에 둔 주장을 한다고 할 수 없다. 대부분 신기한 사상의 선전자들이란 기초적 교육도 받지 못하고 내지나 서양에 유학하여, 몇 년 동안 어딘가의 학교에 다니고 나서는 귀국하여 특별히 하는 일도 없는 부랑자가 되어, 오늘날 조선 사회에 반감을 지니고 수단을 가리지 않고 파괴하는 일로 쾌감을 얻고자 하는 자들이다.

그리고 이 부랑자들은 서양처럼 파괴적인 발언을 노동자들에게 선전하지는 않는다. 왜냐하면 조선의 노동자는 전혀 무지한 문맹자들이기 때문이다. 이런 이유에서인지 이들은 고학생이라는 무산자의 자제인 학생들에게 눈을 돌려 그들을 향해 열렬한 파괴적 설교를 늘어놓는다. 이 부랑자들은 현재 조선의 정치·사회조직을 저주하고 가족제도를 저주한다. 앞서 잠시 언급한 바와 같이 오늘날 조선의 정치적·사회적 상태에서는 조선의 청년들은 모두 마음 깊이 열렬한 불평불만을 감추어 두고 있다. 그들은 오늘날 어떤 것도 마음에 들어 하지 않는다. 따라서 이들의 무책임하고 과격한 주장은 고학생들만 공감할 뿐만 아니라, 일반 학생들 가운데에도 상당히 공감하는 이들이 있을 수 있다.

이러한 이유에서인지 조선 청년의 질서 존중 정신, 그러니까 예전 구한말까지 이른바 명분이라고 했던, 가장 권위 있는 도덕이었던 국가적 질서, 사회적 질서, 학교의 질서, 가족 질서를 존중하는 정신은 사라져 버렸다. 그리고 공허하게 관청, 부모와 웃어른, 스승, 관습을 조롱하며, 학교와 부모를 괴롭히고 사회의 온건한 인사들을 괴롭히는 자들이 엄청나게 많다. 물론 이것은 조선에서만 보는 특별한 현상은 아니고 조선만의 특별한 원인이 있는 것도 아니다. 세계에 공통된 이른바 신사상이라는 것이 던진 어두운 그림자이다. 그러나 나는 이와 같은 파괴적 사상에 대한 취급 방식에 대해서는 조선과 일본 내지 사이에 구별이 있어야만 한다고 본다. 그것은 마치 일본 내지와 영국 사이에 구별이 있어야 하는 것과 마찬가지 이유에서 정당하다고 믿는다.

조선의 문화정치는 이제 겨우 4년, 바꾸어 말하자면 이

제 막이 오른 셈이다. 연극은 이제부터 시작되는 것이다. 마치 조선의 젊은이들이 문화정치의 일성一聲을 듣고, 문화생활을 해야만 한다고 생각하여 노동을 싫어하는 것과 마찬가지로, 통치 당국자가 문화정치의 표방에 따라 갑자기 조선에 고도의 언론의 자유를 허락해야 한다고 생각하는 것은, 모두 계란을 닭이라고 착각하는 것이다. 그러니까 모두 문화정치의 성공이 가져올 눈부신 결과를 그들 젊은이들이 처음부터 이미 거둔 양 생각하는 것은 몽상이다. 문화정치와 언론의 자유를 결부하여 생각하는 것은 조선의 온건하고 착실한 발달을 방해하는 일종의 시대착오이다. 조선 청년들의 사상이 대단히 혼란스럽고, 그들 자신은 물론 그들의 부형과 웃어른들, 사회의 지식인들이 모두 함께 밤낮으로 고통스러워하고 있는 것은 문화정치의 어두운 그림자라고 할 것이다.

출전: 『太陽』第29卷 第5號, 東京:博文館, 1923. 5.

식민지 조선인을 논하다

다카하시 도루가 쓰고
조선총독부가 펴낸 책 『朝鮮人』

2010년 8월 25일 초판 1쇄 발행
2019년 8월 30일 초판 2쇄 발행

번역 구인모
펴낸이 윤성이
펴낸곳 동국대학교출판부

주소 100-715 서울시 중구 필동 3가 26
전화 02) 2260-3482~3
팩스 02) 2268-7851
Home page http://dgpress.dongguk.edu
E-mail book@dongguk.edu
출판등록 제2-163(1973. 6. 28)
편집디자인 나라연
인쇄처 네오프린텍(주)

ISBN 978-89-7801-291-1   03910

값 10,000원

이 책의 무단 전재나 복제 행위는 저작권법 제98조에 따라 처벌받게 됩니다.